다수결을 의심한다

TASUKETSU WO UTAGAU
by Toyotaka Sakai

First published 2015 by Iwanami Shoten, Publishers, Tokyo.
This Korean edition published 2016
by April Books Publishing Co., Goyang
by arrangement with the proprietor c/o Iwanami Shoten, Publishers, Tokyo

다수결을 의심한다

왜 선거는 우리를 배신하는가?

사카이 도요타카 지음
현선 옮김

사월의책

다수결을 의심한다

1판 1쇄 발행 2016년 8월 10일

지은이 사카이 도요타카
옮긴이 현선
펴낸이 안희곤
펴낸곳 사월의책

편집 박동수
디자인 김현진

등록번호 2009년 8월 20일 제396-2009-126호
주소 경기도 고양시 일산동구 무궁화로 7-45 451호
전화 031)912-9491 | 팩스 031)913-9491
이메일 aprilbooks@aprilbooks.net
홈페이지 www.aprilbooks.net
블로그 blog.naver.com/aprilbooks

ISBN 978-89-97186-63-1 03340

* 책값은 뒤표지에 있습니다.
* 이 도서의 국립중앙도서관 출판예정도서목록(CIP)은 서지정보유통지원시스템 홈페이지(http://seoji.nl.go.kr)와 국가자료공동목록시스템(http://www.nl.go.kr/kolisnet)에서 이용하실 수 있습니다.
(CIP제어번호: CIP2016016943)

"우리의 일을 우리 스스로 결정하고 싶다면,
그것을 가능케 하는 사회 제도를 우리 스스로 만들어야 한다."

차례

머리말

다른 사람에게 이래라저래라 지시받는 건 싫은 일이다. 내 일은 내가 결정하고 싶다. 누구나 자유롭게 결정하길 바란다. 그러나 결정이라는 것은 선택지를 최후의 하나까지 좁히고, 다른 가능성을 모두 버리는 일이다. 아무리 다양한 선택지 중에서 고른다고 해도, 심사숙고 끝에 판단한다고 해도, 그것은 자신을 꼼짝달싹할 수 없는 상황으로 밀어 넣는 매우 구속적인 행위다. 그렇다면 자유의 특징이란 구속하는 자와 구속받는 자가 일치하는 데 있다고 할 수 있다.

내 일을 내가 결정하고 싶어 하는 마음에는 자신의 일을 스스로 결정할 수 있을 거라는 기대가 들어 있다. 이 기대는 그것이 내게 가능하다고 믿는 희망에 근거한다.

이런 생각을 '내'가 아닌 '우리'에게 적용할 때, 이는 민주주의를 요구하는 사고의 기반이 된다. 전통과 권위, 종교와 군주에게 결정을 맡기는 게 아니라 우리 스스로 우리의 일을 결정하겠다는 생각이 바로 민주주의다. 어차피 결정이 구속을 낳는다면 우리가 결정의 주체가 되겠다는 것이다. 민주주의에는 다양한 제도와 형태가 있지만 그 기본 이념은 무릇 이러하다.

민주주의의 역사를 포괄적으로 설명한 정치학자 존 킨(John Keane)은 "오늘날 우리에게 이르는 이 발명은 하나의 희망적 관측을 강력하게 표현한다. 고대 그리스인은 이를 '데모크라티아'(demokratia, 피지배자의 지배)라고 불렀다"고 말하고 있다.

그러나 내가 결정하는 것과 우리가 결정하는 것에는 크나큰 차이가 있다. 하나와 여럿의 차이다. 나 혼자만이 아닌 우리가 결정을 내리려면 서로 다른 다수의 의사를 하나로 모아야 한다. 구체적으로 어떻게 의사를 모을 것인가? 이때 다수결이 자주 이용된다.

물론 단순하게 의사를 모으기만 해서는 안 된다. 올바른 정보도 없고 깊이 생각하지도 않은 채 투표를 한다면, 결코 좋은 결정을 내렸다고 할 수 없다. 그래서 정부는 정보를 공개해야 하고, 우리는 표현의 자유를 귀중히 여겨야 한다. 알려고 하는 것과 숙고하는 것도 중요한 일이다.

그러나 이 모든 조건이 모두 충족되었다고 할 때, 과연 다수결은 사람들의 의사를 효과적으로 모을 수 있을까?

2000년 미국 대통령 선거를 예로 들어보자. 당초 여론조사에서는 민주당 후보 앨 고어가 공화당 후보 조지 W. 부시를 앞서고 있었다. 그러나 도중에 당선될 가망이 거의 없는 랠프 네이더가 출마를 표명했고, 결국 지지자가 겹치는 고어의 표를 갉아먹어 부시가 어부지리로 당선되었다. 다수결이 '표의 분산'에 무척 약하다는 증거다.

다수결이라는 단어의 말뜻을 있는 그대로 보면 다수파에 매우 유리한 방식인 것 같지만, 반드시 그런 것만도 아니다. 그렇다고 해서 다수결이 소수 의견을 수용하는 방식인 것도 아니다.

아마도 많은 사람들이 다수결에 따르면서 그러한 위화감을 어디선가 느낀 적이 있지 않을까? 그 위화감을 논리정연한 말로 설명하거나 과학적인 분석의 도마 위에 올려보는 게 가능하다면 더 훌륭한 의사결정 방식을 만들어낼 수 있을 것이다. 또 그런 가능성을 추구하다 보면 무엇이 불가능한지도 보이게 될 것이다.

다수결을 포함한 모든 의사결정 방식은 여럿을 하나로 결합시키는 일종의 함수로 볼 수 있으며 따라서 수학적으로 나타낼 수도 있다. 그렇다면 '위화감'이나 '훌륭하다' 같은 주관적 느낌도 함수의 성질로 정식화해서 다룰 수 있을 것이다.

이는 특별하고 보기 드문 사고방식이 아니다. 건축을 예로 들자면, 지진의 흔들림에 강하다는 느낌을 내진성(耐震性)이라는 객관적 기준으로 정식화하는 것과 비슷하다. 여기서 드문 것은 지성의 사용법이 아니라 그 사용처다. 다수결을 비롯한 의사결정 방식을 이런 식으로 사고하는 태도는 아직 세상에 널리 퍼지지 않았다.

그래서 세상에서는 다수결을 당연하다는 듯 여기저기서 쓰고 있는 것인데, 사실 대안은 이미 여럿 존재한다. 그중 하나가 '보르다 투표법'(Borda count)으로, 1위 3점, 2위 2점, 3위 1점 하는 식으로 선호 순위에 따라 차등 점수를 매기는 방법이다. 이 방법은 표의 분산 문제에 무척 강하다. 물론 이 '표의 분산 문제'는 정식화해서 다시 설명해야겠지만, 보르다 투표법이 이 문제에 강하다는 것은 특정 건축 공법이 일정한 내진 기준을 충족한다는 것과 같은 이치다.

이러한 학문적 실험은 18세기 후반, 프랑스혁명이 일어나기 전 파리에서 시작되었다. 이를 처음 시작한 것은 두 사람의 사상가, 장-샤를 드 보르다(Jean-Charles de Borda)와 마르퀴 드 콩도르세(Marquis de Condorcet)다. 오늘날에는 이런 연구들이 쌓여 '사회적 선택 이론'이라는 이름으로 사회과학의 한 분야를 이루고 있다. 이 책에서는 이 분야의 여러 성과를 역사와 사상을 엮어가며 평이하게 소개한다. 사회적 선택 이론 자체는 수리적인 학문이지만 이 책을 읽는 데 수학은 필요 없다. 가끔씩 간단한 구구단 정도가 나올 때는 있지만 여러분은 계산하지 않아도 된다.

민주적이지 않은 투표(독재자와 대립하는 후보가 억압당하거나 그 후보의 지지자가 투표를 할 수 없는 경우)는 존재하지만, 투표 없는 민주주의는 없다. 어떤 방식으로 투표를 할 것인지는 민주주의의 성과를 좌우하는 중대한 요소다. 복수의 후보자 중에서 한 사람의 정치가를 선출하는 선거를 예로 들어 다수결이라는 투표 방식을 다시 한 번 생각해보자.

다수결 방식에서 유권자는 자신의 여러 판단 가운데 '어떤 후보자를 1순위로 지지하는가' 하는 극히 일부의 의사만 표명할 수 있을 뿐이다. 2순위나 3순위에 대한 의사는 전혀 표명할 수 없다. 따라서 승자는 '1순위'를 가장 많이 얻은 후보자다. 이런 후보자가 꼭 넓은 층의 지지를 받았다고 말할 수는 없다. 극단적인 경우, 특정 후보자가 모든 유권자에게 '2순위'로 지지를 받는다고 해도, 유권자는 '1순위'에만 투표를 하므로 그 후보자는 한 표도 얻을 수 없게 된다. 0표인 것이다.

다수결 선거에서는 모든 유권자를 놓치지 않으려고 세심하게 신경을 쓸수록 불리해진다. 어쨌든 이기기 위해서는 일정 수의 유권자에게 1순위로 지지를 받기만 하면 된다. 정치가도 생활이 걸려 있으므로 낙선하는 것은 괴로운 일이다. 만인을 널리 신경 쓰고 싶어도 1순위로 선택되지 못하면 표로 이어지지 않으므로 그렇게 하기 어렵다. 결과적으로 선거가 사람들 사이의 대립을 조장하고, 사회 분열을 일으키는 요소로 작동하고야 마는 것이다.

이런 현상은 정치가나 유권자가 나빠서가 아니라 다수결의 문제 때문은 아닐까? 그러나 다수결을 채용한 것은 인간이다. 다수결을 당연시하는 우리의 고정관념이 나쁜 것이다.

그렇다면 우리는 다수결에 대해서 얼마나 알고 있을까? 그것은 언제, 무엇을 대상으로, 어디에 써야 할까? 이용상 주의해야 할 점은 무엇일까? 어떨 때 다른 방법(가령 보르다 투표법)을 사용해야 할까? 다수결로 중요한 사안(가령 헌법 개정)을 결정할 때는 몇 퍼센트의 찬성이 필요할까? 혹시 가전제품처럼 설명서가 필요한 것은 아닐까?

이처럼 '그렇게 해야 한다'는 '당위론'은 취미나 기호가 아닌 논거와 증거에 따라 논의를 전개해야 한다. 일정한 내진 기준을 충족하지 못하는 건축물은 그것이 제아무리 취미나 기호에 맞는다고 해도, 혹은 전통이나 종교가 인정한다고 해도, 안전성 면에서 거부해야 하듯이 말이다. 거기서 살 사람을 생각하면 당연한 말이다.

사회 제도는 하늘과 자연이 부여한 것이 아니라 인간이 만든 것이다. 이것은 애초에 자연적인 것이 아니므로 정념보다 이성에 따라 설계를 해야 한다. '설계'라는 말에서 구(舊) 공산주의 국가의 냄새를 맡고 저항감을 느끼는 사람이 있을 수도 있다. '이성'이라는 말을 듣고 지나치게 설교조라 느끼는 사람이 있을지도 모른다. 그러나 조금만 더 생각해보자.

전통과 종교의 지배(이는 때로 전통과 종교의 이름으로 사람이 사람을 복종시키는 일이다)를 피하고 싶다면, 우리의 일을 우리 스스로 결정하고 싶다면, 그것을 가능케 하는 사회 제도를 우리 스스로 만들어야 한다. 이는 당연한 논리적 귀결일 뿐, 민주주의도 공산주의도 뭣도 아니다.

이 작업은 힘든 만큼 주의를 기울여야 하므로 마음 가는 대로 해서는 안 된다. 이성, 지성, 오성 같은 인간의 지적 능력을 사용해야 하며, 역사에서 배우기도 해야 한다. 사람들은 이런 작업을 하면서 자유와 인권과 평등이라는 근대적 가치를 발명했고, 이 가치를 존중하는 틀을 사회 제도 속에 조금씩 편입시켜왔다. 물론 이 프로젝트는 오늘날에도 계속되고 있다. 때로 퇴행하거나, 거부당하거나, 불충분하기는 해도 말이다.

이 책의 목표는 미약하나마 이 프로젝트의 일부를 담당하는 것이다. 테마는 '투표'로, 더 구체적으로 말하면 다수결을 세밀하게 분석하고 그 대안을 탐색해보는 것이다. 이와 함께 이 책에서는 약 250년 전에 이 프로젝트를 시작한 장-자크 루소의 투표 논의를 나란히 소개하고, 다수결 문제를 생각할 때 이 논의를 적절히 참조한다. 사회적 선택 이론의 맹아기에 루소가 깊이 관여해서 학문적 궁합이 잘 맞는다는 점과, 그가 투표에 대해 매우 포괄적인 고찰을 했다는 두 가지 이유 때문이다.

250년 전의 사건은 인류사 전체에서 보면 극히 최근의 일이다. 그래서인지 루소의 논의는 전혀 낡은 것으로 느껴지지 않는다. 오히려 근대적 가치들이 깃털처럼 가볍게 다뤄지고, 가치의 과도한 상대화가 이뤄지는 오늘날에는 신선하기까지 하다. 우리는 의연하게 탈근대를 논할 정도로 근대화되지 않은 것이다.

우리의 일을 우리 스스로 결정하기 위해서는 어떻게 해야 하는가? 이것은 사상적인 문제인 동시에 기술적인 문제다. 250년 전에 막 싹텄을 뿐인 사회적 선택 이론은, 오늘날 이 물음에 몇 가지 명확한 답을 제시할 수 있게 되었다. 이 책에 그 답을 기록해본다.

I

다수결에서 벗어나다

1. 우리가 다수결에 대해 착각하는 것들

외딴 섬의 선거

적도 바로 밑 태평양에 있는 나라, 나우루 공화국(Republic of Nauru)은 하와이와 호주 사이에 위치한 섬이다. 면적은 불과 21제곱킬로미터이고, 인구는 약 1만 명이다. 산호초에 둘러싸인 이 섬을 1798년에 영국의 상선이 발견했을 때, 선장은 항해 기록에 '쾌적한 섬'(pleasant island)이라고 적었다.

그러나 그 뒤 나우루의 역사는 결코 쾌적하지 못했다. 이 나라는 1888년에 독일의 식민지가 되었고, 독일이 제1차 세계대전에서 패한 뒤로는 호주 등의 지배를 받았다. 제2차 세계대전 중에는 일본에 점령되어 미군이 공중 폭격을 했고, 그 뒤로는 국제연합의 신탁통치 제도 아래에서 또다시 호주 등의 통치를 받았다. 겨우 독립을 찾은 것은 1968년의 일이다.

여러 국가가 나우루에 손을 뻗은 이유는 이 섬이 쾌적했기 때문이 아니다. 양질의 인광석(燐鑛石)이 있었기 때문이다. 그래서 독립한 후 나우루는 인광석 사업으로 막대한 수익을 얻었다. 이 수익은 국민 모두에게 환원되었고, 세금은 사라지게 되었으며, 정부는 상궤에서 벗어난 투자 프로젝트를 연이어 시작했다. 대규모 프로젝트 중에는 '에어 나우루'라는 항공 회사의 설립도 있었다. 한때는 나우루와 가고시마를 잇는 직행편이 다녔는데, 승객이 거의 없다시피 했다. 당시 나우루는 의료와 교육도 무상으로 제공했다.

이 시기에 한해서 말하자면, 나우루는 꿈처럼 쾌적했다. 하지만 이는 부를 낳는 인광석 사업이 있었기 때문에 가능한 일이었다. 황금시대는 오래가지 않았다. 1990년대에 자원이 고갈되기 시작하면서 나우루의 꿈은 눈 깜짝할 사이에 사라졌다. 국가 재정은 파탄 났고, 물리적 인프라는 절단 났으며, 석유의 수입이 끊어졌다. 그나마 치안은 안정되어 사회 질서는 유지되고 있었다.

2000년대에 나우루 정부는 지원국에 원조를 부탁해서 재정 위기에서 벗어나려고 했다. 일본은 주요 원조국 중 하나였는데, 포경에 찬성하는 조건으로 나우루에 에너지를 지원했고 이로 인해 국제포경위원회의 포경금지 결의안이 1표 차로 부결되기도 했다. 대만은 중국과 분리된 독립 국가임을 나우루가 지지하는 조건을 걸고, 중국은 이를 지지하지 않는 조건을 걸고 각각 원조 경합을 벌이기도 했다.

그러한 우여곡절 끝에 최근 나우루의 경제는 회복세를 보이고 있다. 2011년에는 GDP(국내총생산) 성장률이 상승 기조로 돌아섰다. 어업권 판매와 새로운 지층에서 이뤄지는 인광석 채굴 덕분이다. 그렇다고 해도 이 나라의 생활에는 GDP에 포함되지 않는 물물교환도 많고, 또 오락거리가 없는 외딴 섬인 만큼 돈을 쓸 곳도 한정되어 있다. '경제 회복'이라는 말이 의미하는 바가 분명하지 않은 이유다. 하지만 어찌되었든 나우루의 치안은 안정적이며, 국정은 민주적으로 운영되고 있다.

미국에는 프리덤하우스라는 국제적 인권감시단체가 있는데, 여기에서는 매년 세계 각국의 민주화 수준을 발표한다. 나우루는 '자유', '부분적 자유', '부자유'의 3단계 평가 중 오랫동안 '자유' 국가로 높이 평가받고 있다. 참고로 2014년에는 195개국 중 45퍼센트에 해당하는 88개국이 '자유' 국가로 평가되었다. 나머지 30퍼센트에 해당하는 '부분적 자유' 국가로는 멕시코와 필리핀 등이 있고, 25퍼센트에 해당하는 '부자유' 국가로는 러시아와 중국 등이 있다.

나우루는 단원제 국회를 운영하고 있으며, 20세 이상의 국민이 유권자가 되어 3년에 한 번 국회의원을 뽑는 선거를 치른다. 그런데 이 선거 방식이 무척 흥미롭다. 일본처럼 한 사람의 유권자가 한 명의 후보자에게만 투표할 수 있는 단기식(單記式) 다수결이 아니기 때문이다.

나우루의 선거 방식은 다음과 같다. 2명의 의원을 뽑는 선거구에

5명의 후보자가 있다고 하자. 이때 각 유권자는 그 5명의 순위를 종이에 적어서 투표한다. 그 뒤 '1위는 1점, 2위는 1/2점, 3위는 1/3점, 4위는 1/4점, 5위는 1/5점' 하는 식으로 점수를 매기고, 각 후보자는 순위에 해당하는 점수를 얻는다. 그 점수의 합계가 후보자의 총 획득 점수가 되고, 이에 따라 상위 2명이 당선된다. 계산은 컴퓨터를 써서 그저 더하기만 하면 되므로 결과가 나오는 데 많은 시간이 걸리지 않는다.

이 선거 방식은 1971년부터 나우루에서 사용된 것으로, 고안자이자 당시 법무부 장관이던 데즈먼드 다우돌(Desmond Dowdall)의 이름을 따서 **다우돌 투표법**이라 불린다. 다우돌 투표법과 다수결은 상당히 다르다. 다수결을 '1위는 1점, 2위 이하는 전부 0점'을 주는 방식이라고 보면 양쪽의 비교가 쉬울 것이다. 즉 그 둘의 가장 큰 차이는 배점 방식의 차이다.

다수결 방식에서 유권자는 2위 이하로는 전혀 점수를 줄 수 없지만, 다우돌 투표법에서는 그것이 가능하다. 또한 유권자가 순위를 결정하기 쉬운 상위 그룹에서는 점수 차가 크게 나는 반면, 오십보백보로 결정하기 어려운 하위 그룹에서는 점수 차가 적게 난다. 이렇듯 다우돌 투표법의 배점 방식은 꽤나 훌륭하고 합리적이다.

다수결이라는 의사결정 방식은 일본을 포함해 많은 나라의 선거에서 당연하다는 듯 사용되고 있다. 하지만 이는 일종의 관습 같은 것이지, 다른 방식과 비교해서 다수결이 우월하기 때문이 아니다.

애초에 다수결 이외의 방식을 사고해보지도 않았다는 것이 일반적인 상황이다. 그러나 민주주의에서 선거가 갖는 중요성을 생각해보면, 다수결을 안이하게 채용하는 것은 낡은 문화적 인습일 뿐이다.

다수 의견은 과연 존중되고 있을까?

'다수결'이라는 단어 자체만 보면, 말 그대로 다수파의 의견만 존중될 것처럼 보인다. 그래서 소수 의견을 존중해야 한다는 말도 나오는 것이다. 그렇다면 정말로 다수결에서는 다수파의 의견이 항상 존중되고 있는 것일까?

'머리말'에서도 언급한 바 있는 하나의 반례를 다시 들어보자. 미국에서는 4년에 한 번 대통령 선거가 치러진다. 선거 기간 중에는 대대적인 퍼레이드와 공개 토론이 펼쳐지며, 일반 가정에서는 지지하는 후보의 깃발을 창문에 장식하는 등 꽤나 축제 분위기를 띤다.

미국은 공화당과 민주당이라는 양대 정당이 있어서, 대통령 선거 때는 매번 양당이 접전을 벌인다. 그중에서도 2000년 대선은 무척 치열했다. 공화당의 후보는 조지 W. 부시(George W. Bush)로, 아버지가 대통령을 지낸 바 있는 2세 정치인이자 당시 텍사스 주 주지사였다. 이에 대적하는 민주당의 후보는 앨 고어(Al Gore)로, 환경보호와 정보통신 정책에 정통했고 당시 부통령이었다.

사전 여론조사에서는 고어가 유리했다. 그대로 진행됐다면 분명 고어가 이기는 게임이었다. 그러나 결과는 정반대로, 결국 부시가 승리했다. 이 과정에서 개표 실수가 밝혀지고 부정 개표 의혹이 제기되는 등 이것만으로도 책 한 권을 쓸 수 있을 정도로 문제가 많은 선거였는데, 여기서는 다음 지점에만 주목해보겠다.

그 지점이란 도중에 랠프 네이더(Ralph Nader)가 '제3의 후보'로 출마한 일이다. 그는 대기업과 압력단체 등의 특정 세력이 헌금 및 로비 활동으로 강한 정치적 영향력을 행사하는 것에 대해서 오랫동안 반대 활동을 펼쳐온 변호사 겸 사회활동가다. 정치적 평등을 중시하는 민주주의적 실천가라고 해도 좋다. 1960년대에는 자동차의 안전성을 둘러싸고 거대 기업인 제너럴 모터스(GM)와 싸움을 해서 승리한 적도 있다.

네이더의 출마는 거대 양당 체제에 이의를 제기하는 유권자에게 새로운 선택지를 제공한다는 점에서 그 자체로 의의가 있었다. 그러나 거대 양당 체제에 맞서서 그가 얻을 수 있는 표는 사실상 정해져 있었다. 화제는 되겠지만 당선은 요원했다.

네이더의 정책은 부시보다 고어에 가까우므로, 선거에서 네이더는 고어의 지지층을 일부 빼앗게 된다. 고어 진영은 "네이더에게 표를 주는 건 부시에게 표를 주는 것이나 마찬가지"라고 캠페인을 벌였으나 만족할 만한 효과는 얻지 못했다. 고어가 이기고는 있었지만 승부는 박빙이었다. 결국 고어는 타격을 받고 패배했고, 부시가 승리했다.

특별히 어려운 이야기를 하는 게 아니다. 요컨대 표가 분산되어서 부시가 어부지리로 승리했다는 말이다. 고어 입장에서 보면 네이더가 훼방을 놓은 셈이다. 애초에 네이더도 한 사람의 유권자로서는 '부시 대 고어' 구도에서라면 상대적으로 고어가 낫다고 생각했을 것이다.

선거 개표와 관련된 혼란을 뒤로 하고, 2001년 1월에 조지 W. 부시는 제43대 미국 대통령으로 취임했다. 그리고 그해 9월에 공중에서 납치된 두 대의 비행기가 뉴욕의 하늘을 천천히 떠돌다가 마천루 위로 솟아오른 세계무역센터 쌍둥이 빌딩에 차례로 충돌했다. 미국이 동시다발 테러 습격을 받은 것이다.

부시는 보복으로 '테러와의 전쟁'을 시작했고, 아프가니스탄을 침공했다. 이에 더해 부시는 아버지 부시가 대통령일 때부터 인연이 깊은 이라크 침공도 단행했다. 개전의 명분은 이라크의 후세인 정권이 테러 조직에 대량살상무기를 건네줄 위험이 있다는 것이었는데, 실상 후세인 정권은 테러 조직과 교류도 없을뿐더러 대량살상무기도 가지고 있지 않았다(그리하여 사전에 이라크 침공이 예정되어 있었다는 의혹이 매우 강하게 제기되었다).

미국은 후세인 정권을 무너뜨려 이라크의 민주화를 달성하려 했지만, 쉬이 되지 않았다. 소수파로 억압을 받은 이슬람교 수니파 무장단체는, 그 이후 이라크의 일부를 함락시켜 노예제를 허용하고 납치와 폭탄 테러를 자행하는 대규모 조직 ISIL(이라크-레반트 이슬

람국가)을 설립하고, 스스로를 국가라고 칭하는 수준에 이르렀다(이후 ISIL은 2014년에 IS로 개명하였다—옮긴이). 후세인 정권에 의한 압제 정치에서 과격파에 의한 무질서로, 전근대적인 이행을 했을 뿐인 것이다.

만일 고어가 대통령이었다면 이라크 침공은 아마 일어나지 않았을 것이므로, 랠프 네이더의 입후보가 그 후 세계 정세에 적지 않은 영향을 준 셈이다.

그렇다면 네이더는 안이하게 대통령 선거에 출마해서는 안 되었던 것일까? 양당 체제에서는 '제3의 후보'가 출마를 삼가야 하는 것일까? 그러나 양당 체제라는 것은 거액의 자금이 드는 두 거대 조직만이 선택지를 제공하는 정치 형태다. 선택의 여지가 무척 좁다. 그렇다면 답답함을 느끼는 유권자에게 새로운 선택지를 제공하는 게 무엇이 나쁠까?

나쁜 것은 사람이 아니라 다수결이 아닐까? 다수결에 무언가 심각한 결점이 있는 건 아닐까?

그렇다면 그 결점이란 구체적으로 어떤 것일까? 이를 알기 위해서는 우선 개념을 명확히 파악해야 한다. 이 작업은 이전보다 결점이 적은, 혹은 이점이 많은 대안을 찾을 때 반드시 해야 할 일이다.

투표를 통해 '다수의 사람이 가진 의사를 하나로 모으는 방식'을 **의사결정 방식**이라고 한다. 다수결은 여러 의사결정 방식 중 하나에 불과하다. 투표 없는 민주주의가 존재하지 않는 이상, 민주주의를 내실 있게 하기 위해서는 성능이 좋은 의사결정 방식을 마련해야 한다.

물론 다수결은 단순해서 이해하기 쉬우며, 우리는 이미 그것에 익숙해져 있다. 하지만 그 때문에 사람들의 의견이 적절히 수렴되지 않는다면 본말이 전도된 것이다. 다수결을 통해 제대로 된 의사결정이 이루어지지 않는다면, 다수결 제도의 성능이 나쁘다고 해야 한다. 여기서 '1인 1표를 행사해 규칙에 따라 결정했으므로 민주적이다'라고 말하는 것은 형식이라는 빈껍데기만 남기고, 민주적이라는 말의 내용은 신경 쓰지 않는 태도일 뿐이다. 투표에는 일정한 형식과 의식(儀式)이 따르기 마련이지만, 그렇다고 투표가 단지 의식이기만 한 것은 아니다. 우리가 듣고 싶은 건 신의 계시가 아니라 사람들의 목소리인 것이다.

그렇다면 유권자가 느끼는 무력감은 다수결이라는 방식, 즉 '우리의 의사를 섬세하게 표명할 수 없거나 적절하게 반영할 수 없는' 의사결정 방식에서 기인하는 게 아닐까? 만일 이것이 사실이라면 의사결정 방식을 변경하여 이러한 문제를 개선할 수 있을 것이다.

다수결을 포함한 의사결정 방식에 대한 연구는 프랑스혁명 이전, 파리의 왕립과학아카데미에서 본격적으로 시작되었다. 이 연구를 주도한 것은 두 사람의 사상가, 장-샤를 드 보르다와 마르퀴 드 콩도르세다. 그들의 논의는 200년 전에 이루어진 것이지만 오늘날에도 여전히 참신하게 느껴지며, 문제의 본질을 꿰뚫고 있다. 이 장에서는 보르다의 논의를 다루고, 다음 장에서는 콩도르세의 논의와 관련된 사항을 주로 다루어보겠다.

2. 다수결 vs 보르다 투표법

보르다가 막을 열다

1770년 프랑스에서는 루이 15세가 왕위에 있었다. 아직 혁명이 일어나지 않았던 이 시기는 훗날 19세기 전반기의 역사가 토크빌이 '구체제'(앙시앵 레짐)라고 이름 붙인 시대의 말기에 해당한다. 프랑스의 국가 재정은 악화됐고, 외교상으로는 열세에 놓여 있었으며, 절대왕정을 지지하는 조직과 문화의 기반은 무너지기 시작했다. 루이 16세와 마리 앙투아네트가 결혼식을 올린 것이 이 해다.

바로 그해 6월에 파리왕립과학아카데미에서 장-샤를 드 보르다가 다수결에 대한 연구 보고를 했다. 보르다는 기사(슈발리에) 칭호를 가진 귀족으로, 수학 이론에 뛰어났으며 해군의 과학자이기도 했다.

보르다가 제기한 문제는 다음과 같은 것이다. 한 사람의 유권자

	4명	4명	7명	6명
1위	X	X	Y	Z
2위	Y	Z	Z	Y
3위	Z	Y	X	X

〈도표 1-1〉

가 한 사람의 후보자에게 투표하는 일반적인 다수결 투표를 생각해 보자. 유권자는 21명이며, 선거의 입후보자는 'X, Y, Z'로 총 3명이다. 그리고 투표 결과 'X는 8표, Y는 7표, Z는 6표'였다고 하자. 다수결 투표에서 승리하는 사람은 최다 득표인 8표를 얻은 X다.

이 결과에 따르면 유권자 중 8명이 X를, 7명이 Y를, 6명이 Z를 1위라고 판단한 것이다. 그러나 만일 그들이 2위 이하 후보자를 〈도표 1-1〉처럼 생각하고 있었다면, X가 승자가 되는 것은 과연 합당한 일일까?

〈도표 1-1〉을 보면 알 수 있듯이, X에 투표한 8명, 즉 X를 1위로 선택한 8명 중 4명은 XYZ 순으로, 나머지 4명은 XZY 순으로 순위를 결정했다. 또한 Y를 1위로 선택한 7명은 모두 YZX 순으로, Z를 1위로 선택한 6명은 모두 ZYX 순으로 순위를 결정했다.

그런데 X가 가장 많은 1위 표를 얻은 것은 사실이지만, 여기서 X를 선택하는 게 '다수 의견의 존중'이라고 생각해도 좋은 것일까? 유권자 21명 중 13명, 약 60퍼센트가 X를 최하위인 3위로 꼽았는데도 말이다. 유권자들의 1위 투표가 Y와 Z로 분산되었기 때문에, X가 다수결로 최다 득표를 얻었을 뿐이지 않은가?

이에 대해 보르다는 "2명의 운동선수가 체력을 완전히 소진한 뒤, 제3의 약체 선수에게 진 꼴"이라고 표현했다. 보르다는 이러한 '제3의 약체 선수'라는 느낌을 다음과 같이 정식화한다.

보르다는 3자대결 구도가 아니라 'X 대 Y' 혹은 'X 대 Z' 같은 맞대결 구도의 다수결일 경우, X가 Y에게도 Z에게도 진다는 점에 주목했다. 구체적으로 보자면, 'X 대 Y'의 다수결에서는 총 8명(XYZ 4명과 XZY 4명)이 X를 지지하는 반면, 그 외의 13명(YZX 7명과 ZYX 6명)은 Y를 지지한다. 따라서 X는 Y에게 8 대 13으로 지는 셈이다. 마찬가지로 X는 Z에게도 8 대 13으로 지게 된다.

즉 X는 맞대결 다수결에서 X와 Z 모두에게 패배하는 것이다. 이처럼 맞대결 다수결에서 다른 모든 후보에게 패배하는 후보를 **맞대결 패자**라고 한다. X는 맞대결 패자라는 '제3의 약체 선수'임에도 불구하고, 3자대결 구도의 다수결에서는 어부지리로 최다 득표를 얻어 승리를 거둔다.

'맞대결 패자'라는 정식화를 얻은 것은 분석을 진행해 나가는 데 큰 도움이 된다. 이로써 맞대결 패자를 선택하지 않는 규칙, 다수결과는 다른 의사결정 방식을 찾는다는 목표가 한층 명확해지기 때문이다.

보르다가 생각한 것은 다음과 같은 의사결정 방식으로, 오늘날에는 **보르다 투표법**이라고 부르는 것이다. 가령 세 가지 선택지가 있다고 할 때, 1위에 3점, 2위에 2점, 3위에 1점을 주는 식으로 점수를 매기고, 그 합계(보르다 점수)에 따라 전체 순위를 결정하는 방식이다.

X의 보르다 점수를 계산해보면, (3점×8)+(2점×0)+(1점×13)=37점이다. 다른 후보들도 마찬가지로 계산해보면, Y는 45점, Z는 44점이다. 즉 보르다 투표법에 따르면 순위는 YZX 순이 되는 게 바람직하다. 보르다 투표법에서 승자로 선택되는 것은 Y이며, 맞대결 패자인 X는 최하위가 되는 것이다.

이 예에 한정되지 않고, 유권자가 몇 명이든, 선택지가 몇 개이든, 그리고 유권자의 순위 결정이 어떻게 되든, 보르다 투표법은 맞대결 패자를 최종 승자로 선택하지 않는다. 즉 '어떠한 경우에도 맞대결 패자를 선택하지 않는다'는 규범적 기준, **맞대결 패자 기준**을 충족하는 것이다. 이런 의미에서 보르다 투표법은 의사결정 방식으로서 성능이 좋다고 할 수 있다.

왜 보르다 투표법이 좋을까?

보르다 투표법은 선택지가 세 가지일 때, 1위에 3점, 2위에 2점, 3위에 1점을 배점한다. 그렇다면 가령 1위에 6점, 2위에 3점, 3위에 2점을 주는 식으로 배점 방식을 다르게 한다면 어떻게 될까? 이처럼

	6명	6명	5명	6명
1위	Z	Y	X	X
2위	Y	Z	Z	Y
3위	X	X	Y	Z

〈도표 1-2〉

순위에 따라 점수를 매기고 그 점수의 합계로 선택지의 최종 순서를 결정하는 방식을 일반적으로 **점수 투표법**(scoring rule)이라고 한다. 보르다는 자신의 논문에서 우선 점수 투표법 일반을 정의한 뒤, 그 특수한 경우로서 보르다 투표법을 도입하고 있다.

배점 방식은 무수히 많다. 이 말은 점수 투표법이 무수히 많다는 뜻이다. 그렇다면 그중에서 보르다 투표법은 어떤 특징을 갖고 있을까? 수많은 점수 투표법 중 보르다 투표법이어야 하는 이유, 즉 상위부터 3점, 2점, 1점을 주는 식으로 차등 배점을 해야 하는 이유는 과연 무엇일까?

결론부터 말하자면, 보르다 투표법이 아닌 어떤 점수 투표법도 '맞대결 패자 기준'을 충족하지 못하기 때문이다. 한 예로 '1위에 6점, 2위에 3점, 3위에 2점'을 주는 점수 투표법인 경우, 〈도표 1-2〉처럼 맞대결 패자를 최종 승자로 선택하게 되는 반례를 제시할 수 있다.

이 점수 투표법에서 각 선택지의 득점을 계산하면 X는 90점, Y는

82점, Z는 81점이다. 그렇다면 X가 최고 득점을 얻었으니 승자가 되어야 하지만, 이는 맞대결 패자를 선택한 셈이 된다(X는 Y와 Z 모두에게 11 대 12로 진다). 따라서 여기서는 맞대결 패자 기준을 충족하지 못한다.

보르다 투표법이 아닌 모든 점수 투표법에 대해서 항상 지금과 같은 반례를 만드는 게 가능하다. 즉 다른 점수 투표법은 맞대결 패자 기준을 충족하지 못하는 것이다. 이는 수학적으로도 증명된 바 있다.

그러므로 보르다 투표법은 맞대결 패자 기준을 충족하는 유일한 점수 투표법이라고 할 수 있다. 이는 부정할 수 없는 결과를 낳는다. 점수 투표법을 사용할 때 어떤 배점 방식이 좋을지를 생각해보면, 맞대결 패자 기준을 충족하는 보르다 투표법을 선택하는 것이 가장 합리적일 것이다.

자유 할당 점수제의 환상

점수 투표법에서는 '몇 위에 몇 점'이라고 배점 기준이 고정되어 있다. 만일 각 유권자가 각자의 선택지에 자유롭게 점수를 매기는 **자유 할당 점수제**를 실시한다면 과연 어떤 결과가 나올까? 가령 한 명에게 할당된 점수가 10점이고, 이를 유권자가 마음대로 나눠줄 수 있다고 하자. 선택지는 'X, Y, Z' 세 곳이다.

'개인의 선호를 자유롭게 표명할 수 있으니 이 방식은 좋다'고 쉽게 결론을 내리기는 어렵다. 예컨대 모든 선택지에 10/3점씩 나눠주는 경우를 생각해보자. 유권자는 모두 고만고만하다고 판단했기 때문에 이런 결정을 내렸을 것이다. 그러나 이 경우 모두에게 똑같은 점수를 주는 셈이어서, 투표는 선거 결과에 아무런 영향도 끼치지 못한다. 그렇다면 X에 4점, Y와 Z에 3점씩 주면 어떻게 될까? 이 또한 선거 결과에 끼치는 영향으로 보자면, X에 1점을 주고 다른 선택지에 0점을 주는 것과 마찬가지다. 결과에 영향을 주는 것은 '점수 차'이기 때문이다.

이 사실은 보기보다 심각한 문제를 낳는다. 가령 점수를 온당히 할당해 X에 4점, Y에 3점, Z에 3점을 준다고 하자. 그러나 이처럼 (4, 3, 3)으로 점수를 나눠준 유권자는 (1, 0, 0)으로 점수를 나눠준 유권자와 선거 결과에 끼치는 영향력 면에서 아무런 차이가 없다. 이 경우에 실질적으로 의미 있는 점수는 1점뿐이기 때문이다.

따라서 이런 유권자가 10명일 때 그 10명 전원이 선거 결과에 끼치는 영향력의 합계(10, 0, 0)는, 1명의 유권자가 (10, 0, 0)으로 점수를 나눠줄 때 선거 결과에 끼치는 영향력과 완전히 동일하다. 온당한 의사 표명이 너무나도 미력한 결과를 낳는 것이다.

이런 문제를 고려한다면, 어느 유권자가 X와 Y를 비슷하게 좋다고 여길 때, X와 Y 양쪽에 5점씩 주는 것은 결코 상책이 아니다. 만일 그 유권자가 Z가 승리하기를 바라지 않는다면, 이런 경우 그는 자신이 갖고 있는 점수 10점을 X와 Y에게 나눠주기보다 승리할 가망이 있는 어느 한쪽에 모든 점수를(혹은 상당히 높은 점수를) 몰아주는 것이 현명하다. 다수결이 표의 분산에 약하다는 것은 앞서 언급한 바 있지만, 이는 '복수의 유권자 사이에서 표가 분산될 때'를 말하는 것이었다. 여기서는 '한 명의 유권자 안에서 표가 분산되는' 새로운 문제가 생겨난다.

다시 말하자면 이렇다. 할당된 점수를 자유롭게 나눠주는 것이 제도적으로 허용된다면, 점수가 분산될수록 불리해지기 쉽다. 이 사실이 마음에 걸리는 유권자는 어느 한쪽의 선택지에 점수를 집중적으로 몰아줄 것이다(차라리 한쪽에 10점을 주는 식으로 말이다). 그렇게 되면 결국 1인 1표의 다수결 방식과 실질적인 내용은 매우 비슷해진다.

만일 다수의 유권자가 이렇게 하지 않는다면, 다시 말해 각 선택지 간 점수 차가 별로 나지 않도록 공평하게 점수를 나눠준다면 어떻게 될까? 이때는 소수의 열광적인 지지자가 있는 선택지(강한 종교 조직을 지지 기반으로 가지고 있거나, 극우적 정책에 목소리를 높이는 정당의 후보자 등)가 유리해지기 쉽다. 그러면 이런 극단적인 후보자는 '모두를 위해서'가 아니라, '특정 사상을 열심히 지지하는 자를 위해서' 행동하게 된다. 본래 민주주의는 다수파를 위한 것이 아니라 모든 사람을 위한 것이다. 그러나 이런 경우에 민주주의는 다수파를 위한 것이기는커녕, 소수의 광신적 집단을 위한 제도로 전락하고 만다.

이렇듯 자유 할당 점수제를 채용하면 실질적으로 다수결과 비슷한 결과를 낳아 소수의 열광적 지지자가 있는 선택지가 승리하는 사태가 빈번하게 발생하게 된다. 이 때문에 점수 할당은 각 유권자가 자유롭게 결정하기보다 '1위는 3점, 2위는 2점' 하는 식으로 사전에 고정해 두는 게 바람직하다고 하겠다.

3. 다수결에서 벗어난 나라들

슬로베니아에서 채택한 보르다 투표법

보르다 투표법이 국가적 수준에서 사용되는 예는 드물긴 해도 몇 가지가 있다. 우선 중부 유럽에 있는 슬로베니아 공화국(Republic of Slovenia)에서는 소수민족인 헝가리계와 이탈리아계를 대표하는 특별 국회의원을 1명씩(총 2명) 선출할 때, 각각 보르다 투표법을 사용하고 있다.

슬로베니아에는 그 외의 다른 국회의원이 88명이 있기에 소수민족 대표가 2명이라는 게 조금 부족해 보일 수도 있다. 그러나 소수민족이 전체 인구에서 차지하는 인구 비율이 낮기 때문에 비율로만 보자면 2명도 많은 것이다. 또한 이 소수민족들은 각자의 대표에 대한 선거권뿐 아니라 다른 88명에 대한 선거권도 갖고 있다. 이른바 '1인 2표'인 셈이다.

슬로베니아에서는 다수의 정당이 활동하고 있으며, 1991년에 독립국가가 된 이래로 연립 정권이 국가를 운영하고 있다. 국회의원 88명을 뽑는 선거에서는 자주 우파 세력과 좌파 세력이 팽팽하게 맞서는데, 소수민족 계열 국회의원 2명은 기본적으로 좌파에 가까워서 우파 세력이 정권을 잡기가 상대적으로 어렵다. 1996년 국회의원 선거에서는 우파 세력이 45석을 획득하는 데 성공했으나 이것만으로는 연립 정권을 구성할 수 없었고, 결국은 좌파 진영의 정치가인 야네즈 드르노브셰크(슬로베니아 자유민주당)가 일부 우파 세력(슬로베니아 인민당)을 수용해 연립 정권을 수립한 바 있다.

섬나라 나우루에서 실시하는 다우돌 투표법

이 장의 서두에서 밝혔듯, 적도 바로 밑 태평양에 있는 섬나라 나우루에서는 다우돌 투표법이라는 점수 투표법을 실시하고 있다. 그런데 '1위에 1점, 2위에 1/2점, 3위에 1/3점'씩 배점하는 다우돌 투표법은, 각 점수를 6배로 하여 '1위에 6점, 2위에 3점, 3위에 2점'씩 배점하는 점수 투표법과 실질적으로 동일하다. 그저 총점이 6배가 될 뿐이기 때문이다. 비유하자면, 이 두 방식 간에는 소지한 돈을 '유로로 환산해 표시할까, 달러로 환산해 표시할까'라는 정도의 표면적인 차이밖에 없다.

따라서 앞서 살펴본 〈도표 1-2〉에서 '1위에 6점, 2위에 3점, 3위에

2점'씩 배점하는 점수 투표법이 맞대결 패자를 선택하고 말았듯이, 마찬가지로 다우돌 투표법도 맞대결 패자를 최종 승자로 선택하고 만다(X는 90/6점, Y는 82/6점, Z는 81/6점). 즉 다우돌 투표법은 맞대결 패자 기준을 충족하지 못하는 것이다. 보르다 투표법과 비교할 때, 다우돌 투표법에서는 1위의 비중이 상대적으로 커서 그 결과가 다수결과 비슷해지기 때문이다.

키리바시 대통령 후보 선거에서 사용된 보르다 투표법

하와이 남쪽에 위치한 적도 인근의 섬들로 이루어진 키리바시 공화국(Republic of Kiribati)은 2002년까지 대통령 후보를 선출할 때 보르다 투표법을 사용했다. 우선 키리바시에서 대통령 선거가 진행되는 방식을 대략적으로 소개하겠다.

제1단계

국회에서 국회의원이 유권자가 되어 국회의원 중에서 3명 내지 4명의 대통령 후보를 선출한다(정원은 헌법 제32조에서 규정). 여기서 보르다 투표법이 사용된다.

제2단계

일반 선거에서 18세 이상의 국민이 유권자가 되어 제1단계에서 선출된 대통령 후보 중 1명을 대통령으로 선출한다. 여기서는 일반적인 다수결이 사용된다.

이 방식은 왠지 모르게 괜찮아 보인다. 제1단계에서 나름대로 적절한 인물들이 후보로 선출되면, 국민이 직접선거를 통해 그중에서 대통령을 선택하기 때문이다. 일본에서는 국회의원들이 간접선거를 통해 총리를 결정하고 있으므로, 총리 직선제를 주장하는 사람에게는 이 방식이 무척 매력적일 것이다.

그러나 이 방식에는 실로 상당한 문제가 있다. 우선 가장 알기 쉬운 문제는 제2단계에서 일어난다. 3명 이상의 후보자가 있을 때 다수결 과정에서 표의 분산 문제가 발생하는 것이다. 또한 제1단계에서는 보르다 투표법의 '클론(clone, 복제) 문제'가 발생한다. 클론 문제에 대해서는 이제부터 설명하겠다.

1991년 키리바시 대통령 선거를 예로 들어보자. 키리바시 사람들의 이름은 우리에게 생소해서 구별하기가 무척 어려우므로(가령 '티에나키 대 테이와키의 대결'처럼), 여기서는 편의상 일본인의 이름으로 대체하여 키리바시에서 일어난 일을 설명하겠다(한국 독자의 편의를 위해 한국인의 이름으로 바꾸어 번역하였다—옮긴이).

키리바시 국회에는 4개의 정당이 있다. 각 정당의 대표자 이름을 따서 철수 당, 영희 당, 민호 당, 현주 당이라고 하자. 제1단계에서 각 당은 국회에 후보를 2명씩 내세웠다.

그런데 철수 당이 공천한 것은 당선이 유력한 철수와 들러리 역할을 하는 '철수 클론'이었다. 철수 클론은 출마를 하긴 했지만, 어디까지나 철수의 부하이며 대통령이 될 가망이 없다. 물론 철수 당도 이 인물을 대통령으로 밀 생각이 전혀 없다. 마찬가지로 영희 당도 유력 후보 영희와 들러리 역할인 '영희 클론'을 공천했다.

그리고 철수 당과 영희 당이 결탁해서 이 4명이 상위를 독점하도록 사전에 모의를 했다. 서로 3위와 4위를 나눠 가지거나 상위 순위를 넘겨주면서 투표의 득점을 세세하게 조정한 것이다.

제1단계의 결과는 위에서부터 철수가 78점, 영희가 69점, 철수 클론이 68점, 영희 클론이 63점이었고, 그 아래로는 민호 당과 현주 당의 후보자들이 각각 53점, 32점, 25점, 22점이었다. 철수 당과 영희 당이 완전히 결탁했기에 가능한 결과였다. 제2단계에서 강력한 라이벌이 될 민호와 현주를 제1단계에서 밀어낸 것이다. 철수 당과 영희 당의 결탁을 안 민호 당과 현주 당도 결탁을 하기는 했으나, 머릿수가 모자란 탓에 점수 조정이 잘 되지 않아 공멸하고 말았다.

결국 대통령 후보가 되어 제2단계로 진출한 사람은 철수, 영희, 철수 클론, 영희 클론 이렇게 네 사람이다. 그러나 철수 클론과 영희 클론은 도중에 기권하여 선거 활동을 접었다. 이로써 사실상 철수와 영희의 1 대 1 승부가 된 것이다. 후보가 둘로 좁혀져서 다수결을 해도 표가 분산되지 않는다는 사실이 그나마 다행이라 해야 할까? 이 선거에서는 제대로 겨뤄서, 마침내 철수가 승리를 거뒀다.

이처럼 당선자가 복수인 선거에서 보르다 투표법을 사용할 경우, 조직력이 높은 집단이 클론 후보를 내세워 상위를 독점하는 일이 벌어질 수 있다. 이를 **클론 문제**라고 한다. 클론 문제는 당선자가 1명일 때는 발생하지 않으나, 복수일 때는 신경을 써야 한다. 하나의 정당에서 1명의 후보만 공천할 수 있도록 제한을 한다고 해도, 분당해서 복수의 후보를 공천하면 같은 결과가 발생한다.

반면 나우루에서 사용하는 다우돌 투표법은, 2위 이하에 낮은 점수를 매기는 까닭에 클론을 이용한 상위 독점이 어렵다. 그렇다고 다우돌 투표법이 보르다 투표법보다 나은 것인가 하면, 앞에서 말했듯이 다우돌 투표법은 맞대결 패자를 당선시키게 된다는 단점이 있다. 클론 문제에 강하면 맞대결 패자 기준을 충족하지 못한다는 다소 이율배반적인 관계가 있는 셈이다.

결국 키리바시는 2002년에 보르다 투표법을 그만두고, 대통령 후보를 뽑는 제1단계 선거에서 두 번의 다수결 투표를 하는 방식으로 변경했다. 첫 번째 다수결 투표에서 우선 2명의 대통령 후보를 선택하고, 두 번째 다수결 투표에서 나머지 2명(혹은 1명)의 대통령 후보를 선택하여 총 4명(혹은 3명)의 대통령 후보를 선출하는 방식이다. 하지만 이런 식의 변경이 클론 문제의 해소와 반드시 직결되는 건 아니다. 첫 번째 투표에서 철수와 영희를 당선시키고, 두 번째 투표에서 철수 클론과 영희 클론을 당선시키는 식으로 조작을 할 여지가 여전히 있기 때문이다.

제2단계 국민 선거는 다수결 방식 그대로 진행된다. 2012년 키리바시 대통령 선거에서는 제1단계에서 3명의 후보자가 선출되었다. 그리고 제2단계에서 그들의 득표율은 위에서부터 42퍼센트, 35퍼센트, 23퍼센트로 표가 분산되었다. 이때는 제1단계에서 클론 문제가 발생하지 않았기에 각기 다른 정당에서 3명의 후보자가 선출되었고, 그 결과 제2단계에서 극심하게 표가 갈린 것이다.

이 제2단계에서는 단 한 사람의 승자를 대통령으로 선출해야 하므로 다수결보다는 보르다 투표법을 채택하거나, 다수결 투표를 하더라도 결선 투표(1위의 득표가 과반수에 달하지 않을 때 상위 2명이 재투표를 하는 방식)를 하는 등의 제도를 마련했다면 좋았을 것이다. 그러면 표의 분산에 따른 영향이 줄어들고, 맞대결 패자 기준도 충족시킬 수 있다.

4. 또 다른 대안, 승인 투표

OX 투표

클론 문제가 일어날 수 있는 또 다른 의사결정 방식으로는 **승인 투표**가 있다. 이 투표 방식은 미국의 의사결정 방식 연구자 스티븐 브램스(Steven J. Brams)와 피터 피시번(Peter C. Fishburn)이 쓴 책 『승인 투표』(*Approval Voting*, 1983)를 통해 급격히 유명해졌는데, 유권자가 모든 후보자에게 재량껏 O나 X를 주는 방식이다. 가령 출마자 10명 중 4명이 당선되는 선거를 생각해보자. 여기서 유권자는 10명의 후보자 모두에게 O나 X를 주며, 개표를 해서 O의 수가 많은 상위 4명의 후보자가 당선된다.

일본에서 시행되는 최고재판소 재판관 국민심사는 승인 투표와 언뜻 비슷해 보이지만, 실상 전혀 다른 것이다. 일본의 국민심사 제도는 재판관 개개인의 신임 여부를 묻는 것으로, 지금까지 매번 모든 재판관이 신임되고 있으나 원칙적으로는 전원이 불신임될 수도 있다. 말하자면 재판관 개개인에 대해서 OX 다수결을 실시하고 있는 셈이다. 반면 승인 투표에서는 어디까지나 O를 많이 받은 상위 후보자만이 당선된다.

일본의 지방의회 선거처럼 다수의 후보자와 다수의 당선자가 있는 선거일 경우, 유권자가 한 표만 행사하는 다수결 방식은 의사를 표명할 수 있는 양이 너무 적다. 반면 승인 투표를 채택하면, 모든 후보자에게 O나 X로 의사 표명을 할 수 있다. 하지만 이를 도입하기 위해서는 신경 써야 할 부분이 있다.

만일 키리바시의 제1단계 선거에서 승인 투표를 했다면 어떻게 되었을지 한번 상상해보자. 아마도 다수당인 철수 당은 정원 한계인 4명의 후보자를 공천했을 것이고, 철수 당의 당원들은 그 4명에게만 O를 주고 다른 후보자에게는 X를 줬을 것이다. 다른 당도 같은 전략을 쓴다고 하면, 결국 다수당인 철수 당의 후보자 4명이 동점으로 1위가 된다. 즉 대통령 후보를 독점하게 되는 것이다. 철수 당은 영희 당과 점수를 나눠 가질 것도 없이 상위를 독차지한다. 영희 당이 이에 대항해 다른 당과 연대하는 데 성공한다면, 반대로 이쪽이 상위를 독점할 수도 있다.

이것은 승인 투표 방식에서는 마음에 들지 않는 후보자들에게 모조리 X를 줄 수 있기 때문에 벌어지는 문제이다. 그러나 보르다 투표법이라면 그렇게까지 극단적인 일은 있을 수 없다. 마음에 들지 않는 후보자들을 하위 순위로 지정하더라도, 그 속에서는 단계적으로 점수 차가 있어서 상대적으로 상위 후보가 생기기 때문이다.

단, 클론 문제를 고려하지 않아도 되거나 그 영향이 미미할 경우라면, 승인 투표는 훌륭한 결정 방식이다. 예를 들어 상위 기관에서 후보자를 모두 정하고, 유권자가 그 후보자들에게 승인 투표를 한다면 클론 후보를 내고 싶어도 낼 수 없게 된다. 실례로, 의사결정 방식 연구자들이 모이는 국제 학회인 '사회적 선택 및 후생 학회'(Society for Social Choice and Welfare)에서는 회장을 포함한 임원들이 이사 후보자를 모두 선임하고, 회원들은 승인 투표로 그중에서 이사를 선출하고 있다.

'사회적 선택 및 후생 학회'의 본부는 프랑스 캉(Cean) 대학에 있다. 파리왕립과학아카데미부터의 전통 때문인지, 이 분야에서는 지금도 프랑스인의 활약이 눈부시다. 학회 창립자는 캉 대학의 모리스 살(Maurice Salles) 교수이다.

2006년에 학회의 세계대회가 터키 이스탄불에서 열렸다. 해질 무렵 보스포루스 해협이 보이는 만찬 자리에서 살 교수는 회원들로부터 영예를 기리는 공로상과 함께 깜짝 선물을 받았다. 살 교수가 간소한 포장지를 뜯자, 안에는 1785년에 출판된 콩도르세의 대작 『다수결 확률 해석 시론』(*Essai sur l'application de l'analyse à la probabilité des décisions rendues á la pluralité des voix*)의 초판본이 들어 있었다.

나는 깜짝 선물 이벤트가 있다는 정도의 이야기만 듣고 그곳에

참석했지만, 선물은 내 예상을 훨씬 뛰어넘는 것이었다. 살 교수에게는 그 선물 이상 적절한 게 없었기 때문이다. 이 책은 고서 시장에서 일반적으로 유통되고 있는 물건이 아니라서 가격이 상상을 초월한다. 그도 꽤나 놀란 모양으로, 회장에 있던 모든 사람이 숨을 삼키고 지켜보았다.

프랑스혁명이 일어나기 4년 전에 출간된 이 한 권짜리 대작은, 의사결정 방식을 연구하는 데 본격적으로 수학적 분석을 도입하고, 사회를 대상으로 하는 새로운 과학의 방법론을 제시하는 것이었다. 나아가 콩도르세는 보르다 투표법을 거부하고 독자적인 의사결정 방식을 만드는 데 도전한다.

II

민주주의를 위한 궁극의 방정식을 찾다

1. 콩도르세의 도전

혁명의 끝에서

약 43킬로미터에 달하는 콘크리트 벽이 28년간에 걸쳐 하나의 지역을 동서로 나누었다. 제2차 세계대전 이후로 분단된 독일 베를린 시의 동과 서를 갈라놓은 높은 벽, 동서 냉전의 시각적 상징인 베를린 장벽이다. 소비에트 연방의 지원을 받아 동독이 건조한 이 벽은, 1989년에 일어난 몇 가지 정치적 우연을 거쳐 억압적 체제를 타파하고자 하는 동독 시민에 의해 무너졌다.

일본에서는 쇼와 천황이 사망하여 연호가 헤이세이(平成)로 바뀌고, 경기가 버블의 정점을 찍으면서 닛케이 평균 주가가 3만 8,915엔으로 최고치를 기록한 해다. 이 해에는 세계 각지에서 민주화를 요구하는 커다란 조류가 일었다.

폴란드에서는 전후 첫 자유선거가 치러져서 민주화 세력인 '솔리 다르노시치'(자유노조연대)가 압승했다. 체코슬로바키아에서는 100만 명 규모의 민주화 시위가 무혈 혁명으로 이어진 벨벳혁명이 있었다. 루마니아에서는 군부가 민주화 세력을 지원해서 독재자 차우셰스쿠 정권을 타도했고, 즉석 군사재판으로 대통령 부부를 크리스마스 날 처형했다. 이처럼 동구권에서는 혁명이 연이었다. 한편 중국의 톈안먼 광장에서는 정부가 일반 시민의 민주화 시위를 탱크와 무차별 총격으로 진압했다. 바로 톈안먼 사건이다. 이 모든 일이 불과 1년 사이에 벌어졌다.

1989년은 프랑스혁명 200주년이기도 했다. 혁명의 출발을 알린 바스티유 감옥 습격이 있었던 7월 14일부터 사흘간 파리 근교에서는 '제15회 선진국 정상 회의'(G7 Summit)가 열렸고, 프랑스 정부는 대대적으로 혁명 기념행사를 개최했다.

그러나 이 혁명은, 혁명 200주년을 드높이 외치고 말면 그만일 정도로 영광에만 가득한 것은 아니었다. 기념행사는 공식적으로는 '프랑스혁명 및 인간과 시민의 권리 선언 200주년'을 축하하는 자리였다. 공식 행사명에서 '프랑스혁명'과 병렬로 나열된 '인간과 시민의 권리 선언'이란, 바스티유 습격 뒤에 헌법제정국민의회에서 채택된 이른바 '프랑스 인권선언'을 일컫는 것이다.

혁명은 그 전체를 축복하기에는 너무나도 처참한 측면을 포함하고 있었다. 행사명에서 병치되어 있는 부분은 혁명의 빛이라고 부를 수 있는 프랑스 인권선언에 스포트라이트를 비춘다. 그곳에 방점을 찍어 어두운 부분은 일단 덮어두고 축제를 성립시키려는 의도가 보인다.

처참한 측면, 즉 어두운 부분이란 혁명 과정을 지배한 공포정치를 주로 가리킨다. 목을 쳐서 날려버리는 기요틴으로 상징되는, 막시밀리앙 로베스피에르를 중심으로 한 독재 세력의 숙청 광풍. 이 공포정치는 오늘날 말하는 테러의 어원이 되기도 했다. 정적은 모조리 반혁명 용의자로 몰아 재판을 하지도 않고 처형시켰다. 그렇게 죽은 자는 약 3만 5,000명에서 4만 명에 달한다.

그들 중에 콩도르세가 있었다. 그는 국민공회의 부의장을 역임하고, 헌법 제정을 위한 9인 위원회의 장으로서 헌법 초안을 발표했으나, 로베스피에르 무리와 대립한 까닭에 결석재판(缺席裁判)에서 사형을 선고받은 것이다. 그는 도주 생활 와중에 유작 『인간 정신의 진보에 관한 역사적 개요』를 집필하고, 그 뒤 얼마 되지 않아 체포되어 생을 마감했다.

그러나 혁명의 어둠도 콩도르세가 발한 광휘를 꺼뜨릴 수는 없었다. 사후의 긴 공백 기간을 지나 20세기 후반이 되자 그의 의사결정 방식 연구는 본격적으로 받아들여지기 시작했다.

보르다 투표법을 비판하다

콩도르세는 '최후의 계몽주의 지식인'으로 일컬어지며, 혁명 전후

마르퀴 드 콩도르세(1743–1794)

의 프랑스를 대표하는 학자다. 귀족으로 태어났지만, 젊은 시절에 가족의 반대를 무릅쓰고 수학자가 되기 위해 무일푼으로 파리로 상경했다.

콩도르세는 『백과전서』를 편찬한 달랑베르(Jean Le Rond d'Alembert)의 비호 아래 수학자로 두각을 나타냈고, 1769년에 파리왕립과학아카데미 입회를 허락받는다. 1776년에는 종신 서기의 자리를 얻는데, 이 자리는 과학 대변인 역할을 하는 자리였다.

아카데미의 기관지 편집에 관여하게 된 콩도르세는, 당시 미게재 상태였던 보르다의 1770년 강연 논문을 1781년 기관지에 수록하기로 결정한다(1784년 출판). 콩도르세는 그 기관지에 보르다의 논문에 대한 해설을 기고했고, 보르다의 연구를 기존에 없던 새로운 연구라며 높이 평가했다.

그러나 콩도르세는 자신의 의사결정 방식 연구에서 보르다와는 매우 다른 입장을 취했다. 1장 말미에서 언급했듯이, 그는 1785년에 투표를 수학적으로 분석한 저서 『다수결 확률 해석 시론』을 펴냈다.

이 책에서 콩도르세는 보르다뿐 아니라 점수 투표법 전반을 비판

	3명	2명	2명	2명
1위	X	Z	Y	Y
2위	Y	X	X	Z
3위	Z	Y	Z	X

〈도표 2-1〉

했다. 그 비판은 〈도표 2-1〉과 같은 사례에 근거한다.

〈도표 2-1〉의 예에서 보르다 점수(각 유권자가 1위에 3점, 2위에 2점, 3위에 1점)를 계산하면, X가 19점, Y가 20점, Z가 15점이다. 따라서 보르다 투표법에서는 최고 득점을 한 Y가 당선된다. 그리고 사실 이 예시에서는 보르다 투표법뿐 아니라 모든 점수 투표법이 Y를 당선시킨다. 가령 1위에 6점, 2위에 3점, 3위에 2점을 주는 점수 투표법(다우돌 투표법과 실질적으로 같다)에서도 X가 34점, Y가 37점, Z가 28점으로, 역시나 Y가 최고 득점을 얻어 승리한다.

하지만 콩도르세는 여기서 X가 승리해야 한다고 말한다. 왜냐하면 'X 대 Y', 'X 대 Z' 같은 식으로 둘씩 짝을 지어 맞대결 구도로 다수결을 하면 X가 Y와 Z 모두를 이기기 때문이다(이 경우에 X는 Y와 Z 모두에게 5 대 4로 승리한다).

이와 같이 다른 어떤 후보와 붙어도 맞대결 다수결에서 승리하는 후보를 **맞대결 승자**라고 한다. 맞대결 다수결에서 다른 어떤 후보와 맞붙더라도 다수의 지지를 얻을 수 있는 후보만큼 '다수의 의사'를 반영하는 후보는 없다는 것이 콩도르세의 견해다.

그렇지만 이 사례에서는 어떤 점수 투표법을 쓰든, 맞대결 승자인 X가 아니라 Y가 최종 승자로 선택되고 만다. 요컨대 점수 투표법은 **맞대결 승자 기준**을 충족하지 못하는 것이다.

콩도르세는 "보르다 투표법은 일반적인 다수결보다 우수하기는커녕, 오히려 뒤떨어진다", "다른 점수 투표법으로 바꿔도 잘못된 결과를 도출한다"며 강하게 비판했다. 다만 일반적인 다수결보다 뒤떨어진다는 말은 좀 지나친 말이다. 콩도르세도 이에 대한 근거는 제시하지 않았다.

여담이지만, 콩도르세의 이러한 비판은 보르다에게 특히 가혹하다. 그래서 현대의 의사결정 방식 연구자 중에서 보르다나 콩도르세 같은 고전적 연구에 관심을 가진 사람은, 콩도르세가 보르다에게 이토록 적의를 품는 까닭을 추측하는 걸 즐기곤 한다.

'연구자 사이의 경쟁심 때문'이라거나 '보르다를 연구자로서 대단찮게 여기고 있었다'라든지, '아카데미 내부의 파벌 대립 때문', '그저 젊은 혈기의 소치'라는 등 온갖 추측이 난무하는데, 어느 것이나 그 나름대로의 이유들이 있다.

내가 가장 마음에 들어 하는 것은 보르다 투표법을 기하학적으로 수리 분석하는 연구자 도널드 G. 사리(Donald G. Saari)의 추측이다. "콩도르세는 1769년에 다수결로 아카데미 회원으로 뽑혔다. 보르다는 이듬해인 1770년에 아카데미에서 다수결의 결함에 대해 연구 보

보르다 거리와 콩도르세 거리의 표지판

고를 했다. 콩도르세가 이를 자기에 대한 비난이라고 받아들였다"는 것이다. 어지간히도 넘겨짚는 것 같지만, 시간 순으로만 보면 말 그대로라 그저 웃고 넘기기도 그런 이야기다.

그러나 콩도르세가 보르다에게 어떤 감정을 가졌는지와는 별개로, 콩도르세가 보르다 투표법을 이론적으로 인정할 수 없다고 생각하고 있었던 것은 확실하다. 다수의 판단을 존중하는 것과, 이를 구현하는 맞대결 승자 기준을 충족하는 것이 콩도르세가 추구하는 목표의 본질이었다. 그가 무엇을 목표로 삼았는지는 3장에서 자세하게 다루겠다.

이처럼 입장을 달리하는 두 사람이지만, 파리 북쪽에는 각각의 이름을 딴 '보르다 거리'와 '콩도르세 거리'가 있다. 두 사람 모두 프랑스에서 위대한 역사적 인물로 평가받고 있다는 증거다.

2. 데이터와 통계가 말해주는 투표의 진실

콩도르세의 역설

콩도르세는 보르다 투표법을 포함한 점수 투표법 전부를 부정했지만, 다음의 견해에 대해서는 보르다와 의견이 일치했다. 바로 다수결을 쓰면 표의 분산이 생겨서 다수의 판단을 존중할 수 없게 된다는 점이다.

여기서 두 사람이 다수결이 쓸모없다고 생각한 것은 선택지가 셋 이상일 때라는 데 주의해야 한다. 선택지가 둘이라면 표가 분산될 곳이 없으니, 이럴 때는 다수결을 채택해도 아무런 문제가 없다. 그래서 콩도르세는 선택지가 셋 이상일 때에도 둘씩 짝을 지어 각각 맞대결 구도로 다수결을 시행한 뒤, 그 결과에 따라 전체 순위를 결정하려 했다.

콩도르세의 발상은 무척 통계학적이다. 선택지가 셋 이상일 때

	6명	5명	2명
1위	X	Y	Z
2위	Y	Z	X
3위	Z	X	Y

〈도표 2-2〉

그 전체 순위를 매기는 것이 목적이라면, 일단 선택지를 둘씩 짝을 지어 각각 맞대결 다수결을 해서 승부의 '데이터'를 모은다. 그 후 이 데이터를 면밀하게 살펴서 그 결과가 나오게 된 배후의 진실과 올바른 순위를 추측한다.

가령 'X, Y, Z'의 세 가지 선택지가 있다고 하자. 이럴 때 X와 Y, Y와 Z, Z와 X로 각각 쌍을 지어 다수결을 하면 승부 데이터가 세 가지 나온다. 그러면 이 데이터를 이용해서 'X, Y, Z' 전체의 올바른 순위가 무엇일지 추측해보는 것이다. 그 구체적인 과정에 대해서는 13명의 유권자가 있는 〈도표 2-2〉의 예시를 살펴보자.

우선 전체 선택지 'X, Y, Z'에서 각 선택지를 짝을 지어 다수결로 비교하면 다음과 같은 결과가 나온다.

- X가 Y에게 8 대 5로 승리한다.
- Y가 Z에게 11 대 2로 승리한다.
- Z가 X에게 7 대 6으로 승리한다.

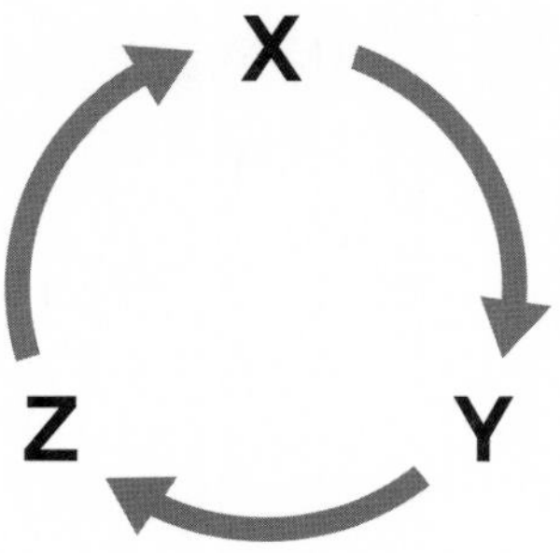

맞대결 다수결의 순환

이것이 '데이터'다. 일례로 X와 Y의 다수결 결과를 상세하게 말해보자. XYZ의 6명과 ZXY의 2명으로 총 8명이 X를 지지했고, 나머지 YZX의 5명이 Y를 지지했다. 그 결과 X가 Y에게 8 대 5로 승리한 것이다.

그런데 이 데이터는 당장 문제에 부딪힌다. X가 Y에게 승리하고, Y가 Z에게 승리하고, Z가 X에게 승리하는 **순환**(사이클)이 발생하기 때문이다. 이렇게 되면 전체 순위가 다람쥐 쳇바퀴 돌듯 제자리로 계속 돌아오기 때문에 순위를 확정지을 수가 없다. 이를 **콩도르세의 역설**(패러독스)이라고 한다.

이런 상황에서는 맞대결 승자도 맞대결 패자도 존재하지 않는다. 만약 존재한다면 맞대결 승자를 1위로 만들거나 혹은 맞대결 패자를 3위로 만드는 등 판단이 쉽겠지만, 여기서는 좀처럼 그렇게 할 수 없다.

콩도르세의 역설은 꽤나 유명해서 정치학이나 경제학 교과서에서도 자주 등장한다. 그러나 보통은 '이렇게 예상 밖의 패러독스가 발생하니, 다수결에도 한계가 있다'는 정도의 이야기만 하다가 끝난다.

하지만 콩도르세에게 이러한 순환의 발생은 패러독스가 아니라,

당연한 일이었다. 그는 이 순환을 어떻게 무너뜨릴지 고찰한다.

결론부터 말하자면, 콩도르세는 데이터 중에서 가장 득표 차가 적은 'Z가 X에게 7 대 6으로 승리한다'는 결과를 **올바를 가능성이 낮다**는 이유로 기각한다. 이렇게 하면 순환은 멈추고, 위에서부터 XYZ 순으로 순위를 확정 지을 수 있다. '올바를 가능성'의 뜻은 3장에서 자세히 밝히기로 하겠다. 여기서는 '중시할 만한 가치' 정도로 알고 있으면 충분하다. 이처럼 순환을 멈추게 해서 전체 순위를 확정 짓는 방법을 **콩도르세의 방법**이라고 한다.

득표 차가 적은 데이터를 소거해서 순환을 무너뜨리는 이 방법은, 선택지가 셋일 때는 쉽게 실행할 수 있다. 또한 이런 데이터 소거법은 다수 의견을 존중하는 태도와도 일맥상통한다.

그러나 이 방법은 선택지가 넷 이상 있을 때는 잘 기능하지 않는다. 방금 본 것처럼, 선택지가 셋일 때는 순환이 발생해도 없애야 할 데이터가 하나뿐이다. 하지만 선택지가 넷이 되면 순환을 멈추기 위해 하나가 아니라 두 개의 데이터를 없애야 하는 상황이 생길 수 있다. 이때 두 개의 데이터를 없애면 확실히 순환은 멈추지만, 데이터의 양이 부족해져서 나머지 데이터로는 네 가지 선택지의 순위를 확정 지을 수 없게 된다. 이런 의사결정 방식은 한 집단에서 여러 사안을 결정하는 수단으로 쓰기에는 적합하지 않다.

그렇다면 이 결과는 이치를 중시하는 콩도르세답지 않은 실패일까? 콩도르세 자신은 선택지가 넷 이상일 때 어떻게 해야 하는지 설명은 하고 있지만, 글도 짧고 구체적인 예도 없어서 설명을 이해하기가 무척 어렵다. 말하고자 하는 바를 적절하게 표현할 수 없는 안타까움이 그 속에 묻어나온다. 그럼에도 쓰여 있는 글 그대로의 의미를 생각해보면, 지금 말한 것처럼 결정 불능 문제와 직면하게 된다. 콩도르세의 진의가 '발견'된 것은 그의 사후 약 200년이 지나서다.

가장 그럴듯한 진실을 추정하는 방법

콩도르세의 의사결정 방식 연구는 그가 1794년에 사망한 이후로 거의 주목받지 못했다. 19세기에 이루어진 후속 연구는 정말 몇 되지 않는다. 이런 상황이 일변한 것은 1958년 스코틀랜드 글래스고 대학의 경제학자 던컨 블랙(Duncan Black)이 저서 『위원회와 선거의 이론』(*The Theory of Committees and Elections*)에서 '콩도르세를 재발견'한 데 있다. 이를 계기로 콩도르세는 20세기 중반부터 재조명을 받게 되었다.

그러나 블랙도 선택지가 넷 이상일 때 순환을 멈추게 하는 콩도르세의 방법을 이해하지는 못했다. 그는 『위원회와 선거의 이론』에서 콩도르세의 후속 연구를 상세히 조사하고 있지만, 그럼에도 이 방법을 이해한 듯한 사람조차 발견하지 못했다. 콩도르세가 말하려고 하는 것을 이해하는 일은 불가능하다는 게 블랙의 견해다.

하지만 꼭 그렇지도 않다. 콩도르세의 글이 명확하게 서술되어 있지 않은 것은 사실이나, 페이턴 영(Peyton Young)은 이것이 실은 어떤 통계적 방법을 의미하고 있음을 발견했다.

페이턴 영은 사회 현상에 대한 폭넓은 관심과 고도의 수리 분석력을 겸비한 당대 일류의 경제학자이다. 그는 1970년에 미시간 대학에서 수학으로 박사 학위를 취득했고, 공평한 분배 규칙, 생물의 협력 행동, 사회 규범의 생성 등의 연구에서 선구적인 공헌을 해왔다. 현재는 옥스퍼드 대학에서 석좌교수로 재직 중이다.

다채로운 영의 업적 중에서도 그가 1988년 『미국정치학회보』(*American Political Science Review*)에 발표한 논문 「콩도르세의 투표 이론」(Condorcet's Theory of Voting)은 한층 더 색다른 것이다. 그처럼 고도의 수학적 능력을 가진 사람이 고전 문헌을 읽고 새로운 해석을 내놓는 일은 거의 없기 때문이다. 영은 이 논문에서 '선택지가 넷 이상일 때 콩도르세가 말하고자 한 것'을 훌륭하게 설명했다.

영의 결론은 콩도르세가 '최대 가능도 추정법'(method of maximum likelihood estimation)이라는 통계적 방법을 이용하여 주어진 데이터에서 선택지 전체의 순위를 도출하려 했다는 것이다. 그는 콩도르세가 쓴 글의 뜻을 길어 올린 뒤 문장을 약간 수정하면, 애매하게 보였던 글이 실은 최대 가능도 추정법을 의도한 것임이 드러난다고 했다.

최대 가능도 추정법이란 '가장 그럴듯한 진실을 추정하는 방법'

이라는 뜻이다. 이는 '데이터가 모두 모였을 때, 이 데이터를 낳을 가능성이 가장 높은 배후의 진실은 무엇인가'를 추측하는 사고방식이다. 최대 가능도 추정법은 콩도르세보다 훨씬 후대인 1910년에 로널드 피셔(Ronald Fisher)라는 통계학자가 고안하였다(본격적인 확립은 1922년). 정식화한 것은 아니나, 콩도르세는 이미 1785년에 최대 가능도 추정법에 대한 실질적인 착상을 하고 있었던 것이다.

최대 가능도 추정법에 따른 순위 결정 방법은 다음과 같다. 일단 선택지 안에서 둘씩 쌍을 지어 다수결을 실시해 데이터를 모은다. 그렇게 모인 데이터가 순환하지 않으면, 즉 데이터가 순서 있게 정리되면, 그 데이터를 통해 선택지의 최종 순위를 확정할 수 있다.

문제는 순환이 발생할 때다. 이럴 경우 데이터는 순서 있게 정리되지 않는 상태다. 이 불일치는 데이터 사이의 어긋남, 즉 오차라고 볼 수 있다. 이것은 선택지의 '진짜 순위'와의 오차다. 물론 인간은 무엇이 진짜 순위인지 알 수 없다. 그것은 신만이 알 것이다. 하지만 순서 있게 정리되지는 않더라도 데이터는 일단 수집된 상태다. 이는 진실 그 자체는 아니지만 진실을 반영한다. 따라서 우리가 알고 있는 범위 내에서 그 데이터를 역산해, 통계적으로 볼 때 데이터와의 오차가 가장 적은, 가장 진실일 가능성이 높은 순위를 구할 수 있을 것이다.

이 방법이 **콩도르세-영의 최대 가능도 추정법**이다. 영은 콩도르세의 의도가 무엇인지 알기 위해 그의 글을 정성 들여 독해했고, 그 속에서 최대 가능도 추정법을 도출해냈다. 실제로 콩도르세의 문장을 약간 보정하면, 그것은 최대 가능도 추정법의 해설로 읽힌다. 콩도르세는 의사결정 방식이 맞대결 승자 기준을 충족하는지를 중시했는데, 이렇게 얻은 콩도르세-영의 추정법은 맞대결 승자 기준을 확실히 충족시킨다.

콩도르세는 보르다 투표법을 포함한 점수 투표법이 모두 맞대결 승자 기준을 충족시키지 못한다고 1785년의 저서에서 비판했다. 그 대신에 제안한 대안은 불명확한 것이었으나, 영의 강력한 해석에 힘입어 약 200년 뒤에 그 모습이 명확하게 드러났다. 콩도르세의 번뜩임을 겨우 따라잡은 것이라 할 수 있겠다.

3. 선거의 기준을 다시 묻다

있는 것은 민의인가, 의사결정 방식인가

지금까지 다수결, 보르다 투표법(을 포함한 점수 투표법), 콩도르세-영의 추정법에 대해서 알아보았다. 어떤 의사결정 방식을 쓰는지에 따라 결과가 크게 달라진다는 것은 지금까지의 논의를 통해 충분히 알 수 있었을 것이다.

여기서는 그 극단적인 예로, 다섯 가지의 의사결정 방식이 모두 다른 결과를 선택하게 되는 **말케비치의 반례**를 〈도표 2-3〉을 통해 설명해보겠다. 유권자는 55명, 선택지는 다섯 곳이다. 계산은 생략하고 각 의사결정 방식의 결과를 살펴보자.

① **다수결**(X의 승리): 일반적인 다수결에서는 X가 최다 득표인 18표를 얻는다.

	18명	12명	10명	9명	4명	2명
1위	X	Y	Z	W	V	V
2위	W	V	Y	Z	Y	Z
3위	V	W	V	V	W	W
4위	Z	Z	W	Y	Z	Y
5위	Y	X	X	X	X	X

〈도표 2-3〉

② **보르다 투표법**(W의 승리): 보르다 투표법에서는 W가 최다 득점인 191점을 얻는다.

③ **콩도르세-영의 추정법**(V의 승리): 콩도르세-영의 추정법에서는 맞대결 승자인 V가 승리한다.

④ **결선 투표를 포함한 다수결**(Y의 승리): 이것은 일반적인 다수결에 결선 투표를 포함시킨 것이다. 일본에서는 자민당이나 민주당의 당 대표 선거에서 쓰이고 있다. 첫 번째 다수결에서 1위가 과반수의 표를 얻지 못하면, 두 번째 다수결(결선 투표)에서 1위와 2위가 맞붙어 최종 승부를 가리는 방식이다.

여기서는 첫 번째 다수결에서 X가 18표를 얻어 1위가 되지만 표가 과반수에 못 미친다. 2위는 12표를 얻은 Y다. X와 Y가 결선 투표를 하면, Y가 X에게 37 대 18로 승리하게 된다.

⑤ **최하위를 소거하는 다수결**(Z의 승리): 이것은 최하위를 소거하면서 다수결을 반복하는 방식이다. 국제올림픽위원회가 후보지와 경기 종목을 선정할 때 자주 사용한다.

여기서는 첫 번째 다수결에서 6표밖에 얻지 못한 최하위 V가 일단 소거된다. 그리고 V를 제외한 선택지를 놓고 두 번째 다수결을 해서 9표밖에 얻지 못한 최하위 W가 다음으로 소거된다. 마찬가지로 세 번째 다수결에서 16표밖에 얻지 못한 Y가 소거되고, 네 번째 다수결에서 18표밖에 얻지 못한 X가 소거되어 최종적으로 Z가 남는다.

이처럼 어떤 의사결정 방식을 사용하는지에 따라서 결과가 모두 달라진다. '민의'라는 말을 곧잘 하지만, 이 반례를 보면 민의라는 게 정말로 존재하는지 의심스러워진다. 결국 존재하는 것은 민의가 아니라 의사결정 방식에 의한 결과인 것이다. 선거에서 승리한 정치인 중에서는 자신의 당선이 '민의'의 반영이라고 주장하면서 자신의 정책이 모두의 신임을 받는 것처럼 행동하는 자도 있다. 그러나 선거 결과는 어디까지나 선거 결과일 뿐, 반드시 민의라고는 할 수 없다. 게다가 선거 결과는 어떤 의사결정 방식을 사용하는지에 따라서 크게 달라질 수 있는 것이다.

심하게 말하자면, 우리가 할 수 있는 것은 민의를 밝히는 게 아니라, 적절한 의사결정 방식을 골라서 쓰는 것뿐이다. 그렇다면 그 적절함의 기준이란 도대체 뭘까?

구체적으로는 설득력이 높은 기준을 마련하고, 거기에 도달하는지 못 하는지 여러 의사결정 방식을 테스트해보는 것이다. 물론 어떤 기준을 앞세우느냐를 놓고 사람들 간에 의견 차는 발생할 수 있다. 그러나 의사결정 방식의 겉모양만 보고 인상을 말하기보다는, 의사결정 방식이 충족시키는 기준을 고찰하는 게 논점도 명확해지고 자의적 판단을 피하기도 쉽다. 집을 짓는 몇 가지 공법이 있다고 할 때, 공법의 인상이 아니라 어떤 공법이 무엇을 할 수 있고, 무엇을 할 수 없는지 그 기준을 마련해서 판단하는 게 좋은 것과 같은 이치다.

가령 내진성을 우선해야 할 상황에서 그에 적합한(엄격한 내진 기준을 충족하는) 공법을 고르는 것처럼, 표의 분산을 걱정해야 하는 상황에서는 그런 걱정이 없는(맞대결 패자 기준을 충족하는) 의사결정 방식을 골라야 하는 것이다.

보르다 아니면 콩도르세

선택지가 3개 이상 있을 때는 표의 분산 문제를 늘 염두에 두어야 한다. 2000년 미국 대통령 선거처럼 유력한 두 후보가 있을 때도 '제3의 선택지'가 출현하면 표의 분산이 일어나 결과가 반전될 수 있다. 다수결이 다수 의견을 반영하지 못하게 되는 것이다.

맞대결 패자 기준과 맞대결 승자 기준은 이러한 표의 분산에 대응할 수 있는 견고한 기준이다. 그렇다면 맞대결 패자 기준은 충족하기 어려운 조건일까?

지금까지 언급한 의사결정 방식은 큰 틀에서 다수형과 점수형 두 가지로 분류할 수 있다. 다수형에는 다수결, 결선 투표를 포함한 다수결, 최하위를 소거하는 다수결, 콩도르세-영의 추정법이 있고, 점수형에는 보르다 투표법과 다우돌 투표법이 있다. 이 중에서 맞대결 패자 기준을 충족하는 것은 결선 투표를 포함한 다수결, 최하위를 소거하는 다수결, 콩도르세-영의 추정법, 보르다 투표법이다. 이렇게 보면 맞대결 패자 기준은 그럭저럭 충족시키기 쉬운 편에 속한다.

한편 맞대결 승자 기준은 콩도르세-영의 추정법만 충족시킬 수 있다. 게다가 이 방법은 맞대결 패자 기준도 충족시킨다. 그렇다면 콩도르세-영의 추정법이 가장 좋은 의사결정 방식이라고 결론지으면 되는 걸까?

애초에 이 두 기준은 선택지를 한 쌍씩 묶어서 다수결을 실시하는 맞대결 다수결이 그 평가 기반이다. 반면에 '몇 위에 몇 점'이라고 점수를 매기는 점수 투표법은 선택지 전체 속에서 각 선택지의 순위를 중시하는 평가 방식이다. 이런 평가 방식을 지닌 의사결정 방식을 쓰면서, 맞대결 비교에 기반을 둔 맞대결 패자 기준과 맞대결 승자 기준을 충족시키라고 하는 것은 애초부터 가혹한 요구라

하겠다.

예를 들어 '1위에 3점, 2위에 2점, 3위에 1.5점, 그 이하는 0점'을 주는 점수 투표법을 생각해보자. 이 방식은 일본의 서점 관계자가 선정하는 '서점대상'(本屋大賞) 투표에서 사용되는 것으로, 최종 후보에 오른 책 10권에 대해 서점 직원들이 투표할 때 채택하는 2차 투표 규칙이다. 여기서는 이를 **서점대상 투표법**이라고 부르자.

서점대상 투표법의 배점 의도는 명확하다. 먼저 1명이 1위로 미는 것과 2명이 3위로 미는 것을 같은 값으로 본다. 즉 전자도 3점이고, 후자도 (1.5점+1.5점으로) 총 3점이기 때문에 동등하게 다루는 것이다. 또한 2명이 1위로 미는 것과 3명이 2위로 미는 것도 같은 값으로 본다. 즉 전자는 2명이 3점씩 줘서 총 6점이고, 후자는 3명이 2점씩 줘서 총 6점이기 때문에 동등하게 다루는 것이다.

하지만 서점대상 투표법은 맞대결 승자 기준을 충족시키지 못한다. 이것은 당연한 것이다. 콩도르세가 보여준 것처럼 어떤 점수 투표법도 맞대결 승자 기준을 충족시키지 못하기 때문이다. 그러나 그렇다고 해서 서점대상 투표법은 어디에도 쓸 수 없다고 하는 건 심한 말이다. 서점대상 투표법의 배점에는 각 순위를 어떻게 평가할 것인지에 대한 명확한 판단이 들어가 있고, 이는 맞대결 비교만을 근거로 삼는 맞대결 승자 기준과는 본질적으로 다른 기준이기 때문이다.

맞대결 승자 기준은 나름대로 설득력이 높은 기준이지만, 이것만으로 점수 투표법을 단숨에 포기하는 것은 너무 성급하다. 그럼 여기서 맞대결 승자 기준을 완화하는 법을 생각해보자.

맞대결 승자 기준과 맞대결 패자 기준은 말만 놓고 보면 비슷해 보인다. 하지만 잘 생각해보면 이것들이 요구하는 기준은 각기 다르다. 맞대결 승자 기준은 '맞대결 승자가 1위가 되는 것'을 요구하는 반면, 맞대결 패자 기준은 '맞대결 패자가 2위에서 최하위 사이에 있는 것'을 요구할 뿐이다. 즉 맞대결 승자 기준의 요구가 더 까다로운 것이다.

여기서는 '맞대결 승자가 1위가 되어야 하는' 맞대결 승자 기준을 완화시켜서 '맞대결 승자가 최하위는 되지 않는다'는 조건의 **약한 맞대결 승자 기준**을 만들어보자. 즉 '맞대결 패자가 최상위는 되지 않는다'는 맞대결 패자 기준과 대칭을 이루도록 하는 것이다.

이로써 기준이 상당히 약해졌다고 생각할지도 모르지만, 그렇지도 않다. 실제로 결선 투표를 포함한 다수결도, 최하위를 소거하는 다수결도, 약한 맞대결 승자 기준을 충족시키지 못한다. 예컨대 앞서 언급한 말케비치의 반례에서는 양쪽 규칙 모두 맞대결 승자인 V를 최하위로 만들고 만다(제1단계 다수결에서 V가 최하위가 되기 때문). 이 두 규칙은 모두 다수결을 개량한 것이지만, 그 정도 개량으로는 약한 맞대결 승자 기준을 충족시키지 못한다.

반면 보르다 투표법은 약한 맞대결 승자 기준을 충족시킨다. 말하자면 보르다 투표법은 점수 투표법의 일종이면서도, 맞대결 패자 기준은 물론이고 약한 맞대결 승자 기준까지 충족시키는 것이다.

이런 결과를 보면 보르다 투표법과 콩도르세-영의 추정법이 가장 효과적인 의사결정 방식이라는 사실을 알 수 있다. 보르다와 콩도르세의 학문적 대립은 200년도 전의 일이지만, 그 이래로 의사결정 방식 연구에서는 '보르다 아니면 콩도르세'라는 형태로 어느 사고방식을 취할 것인가 하는 물음이 늘 끊이지 않았다. 하지만 그것은 물음이라기보다는 거의 대답과 같은 것으로, 최선의 대안이 보르다 아니면 콩도르세의 것이기 때문에 그런 것이다.

그럼에도 어느 한쪽을 꼭 골라야 한다면 어느 쪽을 고를 것인가? 아마 유권자가 이해하기 쉬운 방식은 보르다 투표법일 것이다. 콩도르세-영의 추정법을 이해하는 유권자는 분명 많지 않을 것이다. 하지만 '이해하기 쉽다'라든지 '쉽게 납득할 수 있다' 같은 느낌은 선거 방법을 받아들이는 데 있어서 중요하지만, 의사결정 방식의 성능을 판단하는 기준은 아니다. 양쪽의 성능을 판별할 수 있는 다른 기준은 없을까?

기권 패러독스

(약한) 맞대결 승자 기준이나 맞대결 패자 기준 말고도, 의사결정 방식의 성능을 알아보는 중요한 기준은 몇 가지 있다. 여기서는 그 중에서도 특히 흥미로운 '기권해도 득이 되지 않는' 기준을 생각해

	2명	2명	1명	2명
1위	Z	X	Z	Y
2위	Y	Y	X	Z
3위	X	Z	Y	X

〈도표 2-4〉

보자. 구체적인 예를 들어보면 쉽게 이해가 갈 것이다.

선택지 'X, Y, Z'에서, 일단 X와 Y를 묶어 다수결을 한 다음, 그 승자와 Z를 묶어 다시 다수결을 해서 최종 승자를 결정하는 의사결정 방식인 **챌린지형 다수결**을 생각해보자. 말하자면 X가 Y에게 도전하고, 그 승자가 다시 Z에게 도전하는 방식이다. 단, 다수결을 한 결과 득표수가 같을 때는 도전자가 승자가 된다.

〈도표 2-4〉처럼 유권자가 7명인 상황을 생각해보자(물랭의 반례). 우선 처음의 'X 대 Y' 다수결에서는 3 대 4로 Y가 승리하고, 연이은 'Y 대 Z' 다수결에서도 4 대 3으로 Y가 승리한다. 여기서는 Y가 맞대결 승자라는 게 핵심이다. Y는 1 대 1 다수결에서는 무적이므로, X가 도전을 하든, Z가 도전을 하든 무조건 승리한다. 그러므로 챌린지형 다수결이 맞대결 승자 기준을 충족시킨다는 사실을 알 수 있다.

그러나 여기서 ZYX 순으로 선택한 2명 중 1명이 기권을 하면 어떻게 될까(도표 2-5). 이 기권자가 Z를 Y보다 높은 순위에 놓았었다

	1명	2명	1명	2명
1위	Z	X	Z	Y
2위	Y	Y	X	Z
3위	X	Z	Y	X

〈도표 2-5〉

는 점에 주목하자.

〈도표 2-5〉의 상황에서 챌린지형 다수결을 하면, 처음의 'X 대 Y' 다수결에서는 3 대 3으로 X가 승리하고(득표수가 같을 때 도전자가 승리한다는 규칙에 따라), 연이은 'X 대 Z' 다수결에서는 Z가 4 대 2로 승자가 된다. 기권자는 자신이 기권함에 따라 결과를 입맛에 맞게 조작할 수 있었다(승자가 Y에서 Z로 바뀌었다). 이를 **기권 패러독스**라고 한다. 바꿔 말하면 챌린지형 다수결은 **기권 방지성**을 충족시키지 못한다.

지금의 반례에서는 찬성과 반대가 같은 수일 때 도전자가 승리한다는 규정이 결과에 영향을 미친다. 하지만 이 규정은 설명을 쉽게 하기 위한 설정으로, 그런 설정이 없어도 챌린지형 다수결에서는 기권 패러독스가 일어날 수 있다고 알려져 있다.

결과적으로 챌린지형 다수결은 맞대결 승자 기준을 충족시켰다. 그러나 기권 방지성은 충족시키지 못했다. 그렇다면 과연 맞대결 승자 기준을 충족시키는 의사결정 방식 중에서 기권 방지성을 충족

	맞대결 승자 기준	약한 맞대결 승자 기준	맞대결 패자 기준	기권 방지성	중립성
다수결	X	X	X	O	O
보르다 투표법	X	O	O	O	O
점수 투표법*	X	X	X	O	O
자유 할당 점수제	X	X	X	O	O
콩도르세-영의 추정법	O	O	O	X	O
결선 투표를 포함한 다수결	X	X	O	X	O
최하위를 소거하는 다수결	X	X	O	X	O
챌린지형 다수결	O	O	O	X	X

(*보르다 투표법 제외)

〈도표 2-6〉

시키는 방식이 존재할까?

대답은 '노'다. 조금 정확하게 말하면, 선택지가 4개 이상 있을 때는 그런 의사결정 방식이 존재하지 않는다. 이 말은 콩도르세-영의 추정법 또한 맞대결 승자 기준을 충족시키므로, 기권 방지성을 충족시키지 못한다는 말이 된다.

한편 보르다 투표법을 포함한 다양한 점수 투표법은 '기권 방지성'을 충족시킨다. 이는 당연하다면 당연한 것으로, 점수 투표법은 덧셈이라는 단순한 방식으로 정의되는 까닭에, 유권자가 기권하면 점수를 주고 싶어도 줄 수가 없는 것이다.

따라서 기권 방지성의 관점에서 볼 때 '보르다 아니면 콩도르세'라는 선택에서 답은 보르다 투표법이다. 이처럼 어느 의사결정 방식이 어떠한 기준을 충족시키는지를 〈도표 2-6〉에서 정리해보자.

이 표에는 **중립성**이라는 기준도 포함되어 있다. 이것은 특정 선택지를 사전에 유리하게 만들지 않는다는 기준이다. 챌린지형 다수결에서는 '나중에 도전받는 쪽'이 유리하기 때문에 이 기준을 충족시키지 못한다. 다른 의사결정 방식에는 이런 특혜가 없으므로 모두 중립적이다.

종합적 평가에서는 보르다 투표법이 좋다

2장의 논의를 마무리 짓도록 하자. 하나의 선택지를 택하는 투표에서는 보르다 투표법과 콩도르세-영의 추정법이 최적의 의사결정 방식이다. 둘 중 하나를 고르라면, 나는 보르다 투표법을 추천하겠다(단, 4장에서 다루는 단봉성이라는 조건이 성립할 때는 또 달라진다).

이는 보르다 투표법이 ① 점수 투표법임에도 맞대결 패자 기준과 약한 맞대결 승자 기준을 충족시키고, ② 기권 방지성도 충족시키기 때문이다.

특히 ①은 중요하다. 왜냐하면 의사결정 방식의 선택은 하나의 커다란 정치적 과제이기 때문이다. 의사결정 방식에 대한 생각은

'전체 순위를 중시하는 쪽'과 '맞대결 비교를 중시하는 쪽'으로 나뉜다. ①은 보르다 투표법을 채택할 때 이 양쪽이 합의할 수 있는 타협점으로 제시할 수 있다.

앞서 언급했듯 콩도르세-영의 추정법은 통계학적으로 정의되는 까닭에, 유권자가 이해하기 힘들어 널리 쓰이기는 어렵다. 그러므로 보르다 투표법을 채택하는 게 더 현실적이라는 측면도 있다.

실제로 슬로베니아처럼 국가 규모의 선거에서 보르다 투표법을 채택한 나라도 있으니, 점수로 결과를 정하는 방법은 무척 이해하기 쉬운 편이다. FIFA 월드컵 예선 토너먼트에서는 4팀이 경합을 벌여 '승리는 3점, 무승부는 1점, 패배는 0점' 식으로 점수를 매기는데, 이것도 일종의 점수 투표법이다. 그러므로 적어도 세계의 축구 팬들은 보르다 투표법을 쉽게 이해할 것이다.

하나의 선택지를 정하는 투표로는 소선거구제하의 국회의원 선거나 자치단체장 선거 등이 있다. 이런 선거에서는 보르다 투표법을 쓰는 게 좋다. 국회에서 공직선거법을 개정하면 가능하다.

III

왜 소수가 다수의
의견에 따라야 하는가?

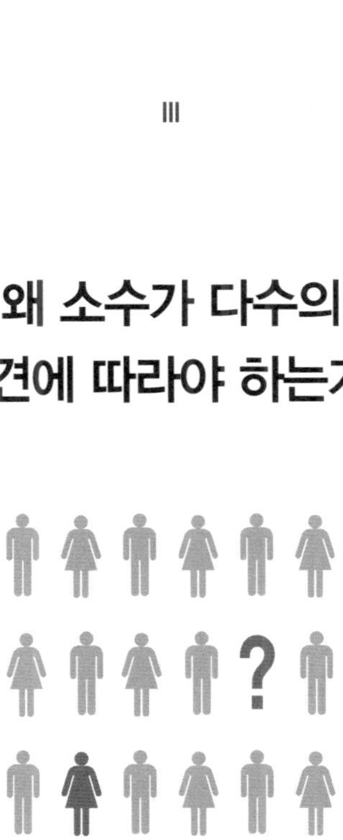

1. 진실의 판정

배심원 정리

법정에서 한 명의 피고가 범행을 의심받고 있다. 유죄인지 무죄인지 결정하는 것은 배심원들의 다수결이다. 그러나 어느 배심원도 죄의 유무를 100퍼센트 판단할 수 없다. 잘못 판단할 가능성은 늘 있다. 여기서 잘못된 판단이란 무엇인가. 유죄가 진실일 때 무죄라고 판단하거나, 무죄가 진실일 때 유죄라고 판단하는 것이다.

진실은 신만이 안다. 인간의 이성적 판단은 완전한 진실에 도달할 수 없다. 그래도 죄의 유무를 확률이 반반인 동전 던지기로 결정하는 것과 비교하면, 인간 이성에 판단을 맡기는 게 더 낫지 않을까. 즉 이성적 판단이 올바를 확률을 v라고 할 때, 그 값은 1보다는 낮지만 0.5보다는 높은 것이다.

1명의 배심원이 올바른 판단을 할 확률, 즉 '유죄가 진실일 때 유죄라고 판단할 수 있고, 무죄가 진실일 때 무죄라고 판단할 수 있는 확률'이 v다. 반대로 잘못 판단할 확률은 1 - v다. v는 vérité(진실)의 머리글자로, 이 표기법은 콩도르세에 따른 것이다. 통상적으로 확률을 표기할 때는 v가 아니라 probabilité(확률)의 머리글자인 p를 쓰므로, v로 표기하는 것은 콩도르세의 문제의식을 반영하는 것에 다름 아니다.

콩도르세의 문제의식이란 무엇인가. 그것은 다수결의 판단이 올바를 확률은 얼마나 될까 하는 것이다. 가령 3명의 배심원(알랭, 장, 프랑수아)이 있을 때, 다수결의 결과가 올바를 확률은 얼마나 될까? 이 확률을 구하기 위해 여기서는 간단히 v를 0.6이라고 가정해보자. 이때 생길 수 있는 8가지 상황을 하나하나 살펴보자.

상황 1: 3명 전원이 틀리는 경우. 이때 다수결의 결과는 당연히 잘못된다.

상황 2: 알랭만 옳고, 다른 2명은 틀리는 경우. 1 대 2이므로 틀린 쪽이 승리한다. 즉 다수결의 결과는 잘못된다.

상황 3: 장만 옳고, 다른 2명은 틀리는 경우. 1 대 2이므로 틀린 쪽이 승리한다. 즉 다수결의 결과는 잘못된다.

상황 4: 프랑수아만 옳고, 다른 2명은 틀리는 경우. 1 대 2이므로 틀린 쪽이 승리한다. 즉 다수결의 결과는 잘못된다.

상황 5: 알랭과 장은 옳고, 프랑수아는 틀리는 경우. 2 대 1이므

상황	이 상황이 발생할 확률
1	$(1-0.6)^3$
2	$0.6\times(1-0.6)^2$
3	$0.6\times(1-0.6)^2$
4	$0.6\times(1-0.6)^2$
5	$0.6^2\times(1-0.6)$
6	$0.6^2\times(1-0.6)$
7	$0.6^2\times(1-0.6)$
8	0.6^3

〈도표 3-1〉

로 옳은 쪽이 승리한다. 즉 다수결의 결과는 올바르다.

상황 6: 알랭과 프랑수아는 옳고, 장은 틀리는 경우. 2 대 1이므로 옳은 쪽이 승리한다. 즉 다수결의 결과는 올바르다.

상황 7: 장과 프랑수아는 옳고, 알랭은 틀리는 경우. 2 대 1이므로 옳은 쪽이 승리한다. 즉 다수결의 결과는 올바르다.

상황 8: 3명 전원이 옳은 경우. 이때 다수결의 결과는 당연히 올바르다.

〈도표 3-1〉은 각 상황이 발생할 확률을 정리한 것이다. 여기서 다수결의 결과가 올바른 것은 상황 5에서 상황 8까지, 즉 3명 중 2명 이상이 옳을 때다. 그렇게 될 확률은 상황 5부터 상황 8이 일어

날 확률의 합이다. 계산해보면 그 값은 아래의 식에서 볼 수 있듯 0.648이 된다.

$$3 \times 0.6^2 \times (1-0.6) + 0.6^3 = 0.648$$

이 값이 1명의 배심원이 올바른 판단을 할 확률인 v=0.6보다 크다는 점이 중요하다. 즉 배심원 3명이 함께 판단하는 것이 혼자 판단하는 것보다 올바를 확률이 높은 것이다.

0.648은 0.6과 별 차이가 없어 보일 수도 있는데, 배심원의 수를 늘리면 다수결의 결과가 올바르게 될 확률이 급격히 높아진다(도표 3-2). 예를 들어 배심원이 7명일 때 확률 값은 0.7을 넘고, 101명이면 0.97을 넘는다. 의외의 결과라고 생각할 수도 있지만, 그 메커니즘은 간단하다.

일단은 당연한 이야기지만, 1명이 올바른 판단을 내리는 것은 그 1명이 옳을 경우뿐이다. 1명이 곧 전원이기 때문이다.

그렇다면 3명이면 어떻게 될까? 3명 중 2명이 옳으면, 다수결의 결과는 올바르게 된다. 3명이 모두 옳을 필요는 없다. 이 기준은 배심원의 수를 늘리면 더 내려간다. 가령 배심원 수가 9명이 되면 그중 5명만 옳아도 다수결의 결과는 올바르게 된다. 그 수가 101명이면 약 절반인 51명만 옳아도 된다.

다수결에서는 올바른 판단을 하는 사람이 절반을 조금이라도 넘

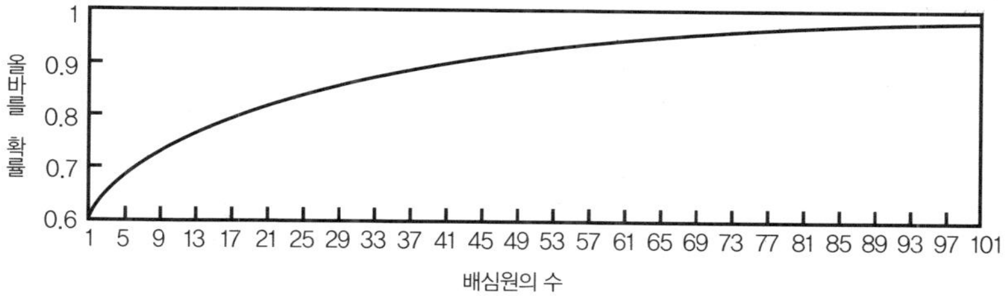

〈도표 3-2〉 다수결의 결과가 올바를 확률(v=0.6일 때)

*배심원의 수를 늘리면 다수결의 결과가 올바르게 될 확률이 급속히 높아진다.

으면 올바른 결과가 나오기 때문이다. 이때 올바른 판단을 내리는 사람이 과반수가 될 확률은 배심원의 수가 늘어남에 따라 100퍼센트 가까이 올라간다.

이는 통계학에서 말하는 '큰 수의 법칙'의 응용이다. 대략적으로 말하자면, 큰 수의 법칙이란 '통계 데이터가 늘어남에 따라 그 데이터의 평균은 진짜 평균에 가까워진다'는 것이다. 예를 들어 주사위는 많이 던질수록 각 면이 나온 횟수의 비율이 6분의 1에 가까워진다. 배심원을 예로 들면, 배심원의 수가 늘수록 올바른 판단을 하는 사람의 비율이 v에 가까워진다. 그리고 v는 0.5보다 높으므로, 즉 올바른 판단을 하는 사람의 비율이 50퍼센트를 넘으므로, 다수결의 판단이 올바를 확률은 100퍼센트에 한없이 가까워진다.

극단적으로 배심원이 아예 무한정 있다고 해보자. 그 한 명 한 명이 올바른 판단을 할 확률은 v이므로, 무한대의 인원 중 올바른 판단을 하는 사람의 비율은 딱 v다. v는 0.5보다 높으므로 과반수의 배심원이 올바른 판단을 하게 되어 다수결의 결과는 반드시 올바르게 된다. 정확률이 100퍼센트인 것이다.

이 결과는 놀랍지만, 트릭을 알면 이것이 성립한다는 것을 직관적으로 알 수 있다. 엄밀한 증명은 대학 수준의 수학 지식만 있으면 쉽게 할 수 있다. 오히려 콩도르세의 획기적 측면은, 다수결이라는 사회제도 성능 평가에 '큰 수의 법칙'이라는 통계학의 성과를 쓴 착상의 참신함에 있다.

그러나 현실에서는 배심원의 수가 유한하므로, 정확률이 100퍼센트에 달할 수 없다. 단지 그 수가 느는 것에 따라 정확률이 100퍼센트에 점점 가까워질 뿐이다. 이를 **배심원 정리**라고 한다.

즉 나는 '유죄'에 한 표를 던졌는데, 다수결의 결과가 '무죄'일 때는 내 판단이 잘못되었을 확률이 높다는 것이다. 내가 틀린 것이므로 마음에 들지 않는 결과가 나왔다고 말할 게 아니다.

배심원 정리가 성립하기 위해서는 다음의 두 조건을 충족시켜야 한다.

조건 1: 배심원은 피고인과 사건에 관한 정보를 적절하게 알고 있고, 본인의 이성을 최대한 사용하려 힘써야 한다. 즉 정보가 잘 알려져 있고, 배심원은 편견과 독단에 따라 판단하지 않아야 한다는 것이다. 그래야만 v가 0.5보다 높다고 상정할 수 있다.

조건 2: 배심원은 스스로 생각해서 유죄인지 무죄인지 판단해야 한다. 투표 전에는 토의를 해도 좋다. 단, 현장 분위기에 휩쓸리거나, 이길 것 같은 쪽을 예상해서 그쪽에 투표하거나 해서는 안 된다. 이것은 v가 통계적으로 독립되어 있음을 뜻한다.

배심원 정리에 대한 수학적 일반화는 많이 진행되어 있어서 실제로는 조건 1과 조건 2를 꽤 느슨하게 적용할 수 있다. 그러나 큰 틀로서, 배심원들이 평균적으로 동전 던지기보다 옳은 판단을 할 수 있어야 하고, 그들의 판단이 가진 독립성이 높아야 한다는 것은 배심원 정리가 성립하는 데 본질적인 요소다. 그러므로 조건 1과 조건 2는 대체로 엄수해야 한다.

하지만 조건 1과 조건 2가 지켜질 수 있도록 배심의 장을 정리하는 게 중요하다는 걸 아는 것만으로 이야기는 끝나지 않는다. 이건 출발점일 뿐이다.

올바른 판단이란 무엇인가?

콩도르세의 논의를 정리해서, 지금 말한 것과 같은 형태의 결과에 '배심원 정리'라고 이름을 붙인 사람은 던컨 블랙이다. 그는 저서 『위원회와 선거의 이론』에서 이 명칭을 썼다. 그의 작명 솜씨는 꽤 훌륭하지만, 사실 콩도르세가 염두에 두고 있던 것은 배심이 아니라 일반적 투표였다. 그렇다면 일반 투표에서 '올바른' 판단이란 무엇을 뜻할까? 블랙은 콩도르세의 의도에 깊은 주의를 기울이지 않았다.

여기서는 콩도르세가 말한, 법안의 찬반을 표명하는 투표에서 유권자가 취해야 할 심적 태도에 주목해보자.

"이것은 나 자신이 아니라 모두에게 묻는 질문이다. 즉 나는 내가 좋다고 생각하는 것만 골라서는 안 된다. 자신의 의견에서 탈피해서, 이성과 진리에 근접한 무언가를 골라야 한다."(Condorcet 1785, pp. cvi-cvii)

이 또한 의역으로, 여전히 문장의 뜻을 파악하기 어렵다. 그러나 "자신의 의견에서 탈피해서"를 "자신의 이익에서 탈피해서"라고 옮기면, 문장의 뜻이 더 명확해진다. 즉 콩도르세 가라사대, 투표 시 유권자는 사적 이익뿐 아니라 자신과 관련된 공적 이익에 대한 판단을 내려야 한다는 것이다. 이렇게 읽으면 배심원 정리에서 '올바른' 판단이라는 것이 어떤 의미인지 일반적 투표 차원에서 이해가 된다.

이 문장이 루소를 강하게 염두에 둔 것이라고 지적한 것은, 현대의 정치학자 버나드 그로프먼(Bernard Grofman)과 스콧 펠드(Scott Feld)다. 그들은 1988년 『미국정치학회보』에 「루소의 일반의지: 콩도르세적 관점」(Rousseau's General Will: A Condorcetian Perspective)이라는 논문을 발표해서, 루소의 다음 문장을 콩도르세의 앞의 문장과 비교 논의했다.

"어떤 법률이 인민의 집회에 제출되었을 때 그들이 대답해야 할 문제는, 정확히 말하면, 이 제안을 그들이 승인하는가 또는 부인하는가 하는 문제가 아니라, 그 법률이 인민의 의지, 즉 일반의지에 합치되는가 안 되는가 하는 문제다."(루소, 『사회계약론』, 제4편 2장)

'일반의지'라는 단어를 일단 놓아두고 읽어보면 콩도르세와 루소의 문장은 닮아 있다. 이뿐 아니라, 콩도르세는 자신의 저작에서 루소의 『사회계약론』을 명백히 의식한 문장을 몇 가지 썼다. 콩도르세 투표 연구의 사상적 원류가 루소라는 것이 그로프먼과 펠드의 발견이다.

일반의지는 루소의 정치사상의 핵심이고, 쉽다고 말하기는 힘든 개념이다. 다음 절에서 이에 대한 대략적 설명을 하겠지만, 여기서 일반의지를 '사람의 공존과 상호 존중을 지향하는 의지'라고 이해하면 콩도르세와 루소의 문장상의 유사성은 한층 명쾌해질 것이다.

출간된 해와 관련해서는 루소의 『사회계약론』이 1762년, 콩도르세의 『다수결 확률 해석 시론』이 1785년에 출간되었으므로 콩도르세가 뒤다. 당시 『사회계약론』은 금서로 지정되어서 은밀하게 읽히던 책이었으므로, 콩도르세는 루소에 대해 명시적으로 언급하지 않왔을 것이다.

다수결에서 가장 큰 윤리적 과제는, 왜 소수파가 다수파의 의견에 따라야만 하는가 하는 것이다. 따르지 않으면 법의 제재를 받는다는 것은 복종의 이유일 뿐, 따라야 하는 의무에 대한 설명은 될 수 없다. 또 '결과가 나왔으니 따라야 한다'라는 말은 의무를 강제하는 말로 '의무'의 정당성을 설득하는 데는 성공하지 못한다. 바꿔 말해 다수결은 결과에 대한 정당화를 필요로 한다.

배심원 평결에서는 다수파의 판단이 옳을 확률이 상당히 높다는 사실이 그 정당성을 지지하고 있었다. 그렇다면 법안의 심의는 어떨까? 다수파의 판단이 일반의지와 어울릴 확률이 무척 높다는 사실은 어떤 정당성을 선사할까? 이를 이해하기 위해서는 루소의 논의 중 일반의지와 입법에 대해 알아야 한다. 이 논의는 바람직한 의사결정 방식이 무엇일까 하는 탐구를 넘어, 근대 시민사회를 지지하는 근본이념을 우리에게 강렬하게 비춰주는 일이다.

2. 『사회계약론』이 말하는 투표

사회계약

인민주권론을 확립한 장-자크 루소는 프랑스혁명의 사상적 상징이다. 그는 정치사상뿐 아니라 소설과 자서전 등 다양한 분야의 저작으로 알려져 있다. 여기서 다룰 저작은 『사회계약론』으로, 인민주권의 원리를 엄밀히 추구한 그의 저작 중 하나다. 구체제 시기인 1762년에 출간되었으나 종교적 이유로 금서가 되었고, 혁명 후 동란기에는 성전(聖典) 같은 취급을 받았다. 일본에서는 메이지 시기에 나카에 초민(中江兆民)이 부분 번역을 했다. 이 번역본을 『민약론』(民約論)이라는 이름으로 간행해서 자유민권운동의 시대정신을 이식한 것이다.

『사회계약론』에서 루소는 뛰어난 필력으로 복잡한 논리를 펼치며 계속해서 개념을 생성해낸다. 난해하지만 명석한 저술로, 요약

장-자크 루소(1712-1778)

하기에 전혀 적합하지 않다. 여기서는 본서와 관계가 깊은 내용을 중점으로 보충 설명을 하면서 그 골자를 다루겠다.

루소는 1755년에 전작 『인간 불평등 기원론』에서, 사회의 불평등이 확대되면서 사람들이 서로 소외되는 과정을 묘사했다. 지배하는 자와 지배받는 자가 생겨났고, 지배하는 자들에게는 오만과 허영이 만연했으며 지배받는 자들에게는 굴욕과 아부가 나타났다.

극단적으로 소수의 부자에 정치권력이 집중되고, 다수의 약자가 노예 같은 상태로 전락한다. 여기서는 지배하는 소수의 부자조차도 오만과 허영에 사로잡힌 욕망의 노예다. 부자가 노예라니 무슨 소리 하고 생각할지도 모르지만, 좋은 옷을 입은 꼭두각시 인형이 욕망이라는 이름의 주인에게 조종당하는 것을 떠올려보라. 비참과 악덕에 가득 찬 상태다. 『인간 불평등 기원론』은 부정적인 저작이라고 말해도 좋다.

그렇다면 그 상태에서 빠져나오는 게 사람에게 가능할까? 『사회계약론』은 그 가능성을 탐구하는 보다 긍정적인 저작이다. 그러나 낙관적이라고는 말할 수 없다. 오히려 루소가 탐구하는 것은 한줄기의 광명이다. 자유로운 사회의 설립은 어떻게 가능하며, 그 운영은 어떤 원리에 따라야 하는가?

여기서 자유란 노예의 반의어라고 해도 좋다. 노예는 루소가 자주 끌어 쓰는 말이다. "노예는 쇠고랑 속에서 모든 것을 잃어버린다. 그곳에서 벗어나고픈 의욕마저도." 이 구절은 꽤 널리 알려져 있다. 압정(壓政)에 예속되어 비굴한 아부를 계속하면서 노예는 그 상태에 길들여진다는 말이다.

노예 상태는 정당화될 수 없다. 노예가 그 상태에 길들여진 것은 최초의 폭력에 무릎을 꿇었기 때문이지, 노예로서 복종의 의무를 받아들인 까닭이 아니다. 만약 그가 길들여지지 않았다면, 당장의 폭력에 어쩔 수 없이 따르는 것뿐이다. 폭력에 지배되는 것과 의무를 수행하는 것은 전혀 다른 행위다. 노예 상태는 권력과 의무가 아닌, 폭력이 만들어낸 것에 불과하다.

어떻게 하면 사람이 노예가 되지 않는 자유로운 사회를 만들 수 있을까? 그러기 위한 수단이 바로 서로 대등한 입장에서 상대를 수용하는 **사회계약**이다. 그렇다면 사회계약이란 무엇인가?

루소가 구상하는 사회계약에서는 사람들이 분리 불가한 하나의 공동체로 결합해 그들의 모든 권리를 공동체에 일임하고 하나로 뭉친다. 이것이 계약 행위다.

사람들의 계약 상대는 신도 왕도 타인도 아닌 '우리들'이다. 즉 자기를 포함한 계약 당사자가 구성하는 공동체다. 이 공동체를 **인민**이라고 한다. 또 뭉쳐서 하나가 된 권리를 **주권**이라고 한다. 주권은 인민에게 귀속되는 것으로 이를 **인민주권**이라고 한다. 인간은 다양하지만 그들의 계약 행위는 완전히 동등하므로, 사회계약은 사람 사이에서 완전히 대등하다. 그렇다면 이 공동체는 어떤 식으로 운영되는가? 키워드는 일반의지다.

일반의지

루소는 인민이 일반의지의 지휘 아래 있다고 본다. 하지만 이는 어떤 누군가의 관리 아래 있다는 말은 아니다.

인민이란 구성원들로 이루어지는 나뉠 수 없는 하나의 공동체로, 구성원 한 사람이 아니다. 그리고 **일반의지**란, 개개의 인간이 자신의 특수성을 벗어던진 상태의 의지를 일반화한 것이다. 의지를 일반화한다는 말은, 자기이익 추구를 위해 필요한 것을 옆으로 미뤄놓고, 자신을 포함한 여러 사람에게 공통적으로 필요한 것을 찾으려 한다는 것이다.

따라서 일반의지는 사람을 대등하게 대하고, 인간 공통의 필요를 존중하며, 평등성을 지향하는 경향이 있다. 개인이 특수한 '사'(私)적 차원에서 일반적인 '공'(公)적 차원으로 사고를 옮기는 숙의(熟議)적 이성의 행사(이를 의지의 일반화라고 부르자)를 통해서, 스스로 공동체를 운영하는 것을, 루소는 인민이 일반의지의 지휘 아래 있다고 말하는 것이다.

이를 어렵게 생각할 필요는 없다. 자치에는 공사 구별이 필요하다는 것을 순화해서 표현한 말이기 때문이다. 이를테면 사적 영역에서는 자기 자신만을 생각하는 게 허락되지만, 공적 영역에서는 그렇지 않다는 것이다. 공사의 영역에 구별이 없으면, 때때로 '공'의 이름 아래 '사'가 짓밟힌다. 그러므로 이 구별은 있는 게 좋다.

'숙의적 이성'이라는 말에 한번 주의해보자. 영어로 숙의는 deliberation(불어로는 délibération)인데, 이 말은 숙려(熟慮)를 뜻하기도 한다. 따라서 영어의 deliberation을 번역할 때는 숙의인지 숙려인지 단어 선정에 주의를 해야 한다. 숙의는 복수의 사람이 대화를 나눠야 하지만, 숙려는 혼자서 할 수 있으므로, 두 단어의 뉘앙스는 상당히 다르다. 숙의와 숙려를 나누지 않은 deliberation이 내포하는 본질적 뜻은, 사색을 통해 생각을 키우고 바꾸는 일, 그 행위의 전후에 있는 변화다.

숙의적 이성을 행사한다는 것은 이성에 물어 생각을 형성하거나 바꾸는 일이다. 이런 일을 일부러 하는 것이 사적 차원에서 공적 차원으로 사고를 옮기는 행위인 것이다. 그렇다면 왜 그런 행위를 해야만 하는 것일까? 이는 인간이 다양하기 때문이다.

인간이 한 가지 모습이라면 자신과 타인의 모습이 같으므로, 굳이 숙의적 이성을 행사해 의지를 일반화해서까지 모두가 필요로 하는 사회 기반을 찾을 이유는 없다. 자신이 있고, 타자가 있고, 서로 다르므로, 모두 이런 성가신 노력을 해야 하는 것이다. 이는 자기에게서 멀어지는 행위가 아니라, 자기 속으로 깊게 파고들어 타인과 나 사이에서 인간적 공통점을 발견하고 이를 존중하는 행위다.

이성이 정서보다 고귀하다거나 위에 있다고 말하는 것이 아니다. 이성이든 공적 영역이든 그렇게까지 높은 곳을 요구하지 않는다. 그저 공적 영역에서 이성의 행사를 요청하는 것뿐이다. 의지를 일반화한다는 것은 그 요청을 받아들이는 것이며 그러한 주체로서 자신을 선택하는 것이다. 그러므로 이 작업은 말하자면 정체성을 선택하는 작업이며, 자신을 포기하는 것도 스스로에게서 이탈하는 것도 아니다.

종종 생기는 오해인데, 일반의지를 전체주의적으로 다루는 것은 커다란 오류다. 일반의지는 다양한 인간이 공존하는 기반인 자유사회의 틀을 지향하기 때문이다. 일반의지는 차별과 편견을 허용하지 않는다. 사회계약은 그 성립부터 법 아래의 평등과 1인 1표의 원칙을 포함한, 구성원 간의 정치적 평등을 중시한다. 이는 정치적 권력과 정치적 권위가 몇몇 구성원에게 치우쳐 있는 전체주의적 체제에서는 실현할 수 없는 것이다.

사람들은 사회계약에 따라 소유권 보호와 인격 존중, 자유를 획득한다. 이것은 '서로가 서로를 인정'하는 것이며, 이로써 사람들의 생활은 이전보다 좋아진다. 사회계약을 맺으려 하는 사람의 심리

기반에는 이기심이 있다. 그러나 이기심이라고 해도 한 가지가 아니다. 절제의 유무에 따라 이기심의 발현은 크게 달라진다.

사회계약을 이루기 위해서는 자신뿐 아니라 타자를 존중하는 절제의 마음이 꼭 필요하다. 이는 이타심이라기보다는, 절제 있는 이기심(amour-propre)이다. '나만 존중하라', '나만 우대하라' 같은 절제 없는 이기심이 날뛰면 계약은 이루어지지 않는다.

그렇다면 절제 있는 이기심의 뿌리에 있는 감정은 무엇일까? 그것은 '타자와의 관계 속에서 가볍게 취급받기 싫다'는 존엄의 감정이다. 이 감정이 폭주하지 않고 '다른 사람이 나를 존중하면, 나 또한 그를 존중하겠다'는 절제된 마음이 생겨날 때, 사회계약은 가능해진다.

주권의 역할

사회계약은 각 개인의 권리를 하나로 묶는다. 이렇게 생성된 강하고 큰 권리를 주권이라고 부른다. 그렇다면 주권은 어떻게 기능하는 것일까?

주권은 일반의지에 기초해 공동체 내부에서 규정을 정하는 역할을 한다. 스스로를 다스리는 규칙, 즉 법을 정하는 역할이다. 따라서 주권이란 입법권이다. 그렇게 생겨난 법이 다스리는 사회에서 공동체의 구성원들은 살아간다. 법은 일반의지를 구체화한 것이며, 일반의지의 성질상 이것은 구성원 모두에게서 유래해 모두에게 동등하게 적용된다.

그렇다면 일반의지는 어디에 있는 걸까? 루소의 논의에서 '인민'이란 사회계약에 따라 생겨난 하나의 분해 불가한 공동체를 가리키는 것이었다. 그에게 인민은 살아 있는 인간이 아니라, 개념적으로 만들어진 합의체다. 따라서 인민은 그 자체로 정신과 의지를 가진 주체가 아니다. '인민이 일반의지를 가진다'라고 하는 말은 엄밀하게 말해서 옳지 않다.

일반의지는 사람 각자가 자신의 정신 속에서 발견하는 것이다. 법의 제정이란 그런 행위이며, 특정 법안이 일반의지에 적합한지 그렇지 않은지를 알아보기 위해서는 구성원 전원이 참가하는 집회에서 각자의 판단을 투표로 표명하고 다수결로 판정을 내려야 한다.

더 자세히 살펴보자. 투표 시 각 구성원은 법안이 일반의지에 적합한지 그렇지 않은지, 각자 숙의적 이성을 행사해서 표명한다. 법안이 일반의지에 적합한지 그렇지 않은지를 다수결로 판정하는 것이다. 그러므로 자신의 판단과 다수결의 결과가 달라도 이는 자신의 판단이 잘못된 것이 된다. 자신의 뜻에 어긋나는 결과가 나온 게 아니다. 내가 일반의지의 판단을 잘못 내린 것이다.

이처럼 규정된 법에 따르는 행위는 다수파의 의사에 복종하는 것이 아니다. 이것은 다수파가 발견한 일반의지의 판단에 따르는 것이다. 일반의지는 자신의 의지인 까닭에, 이를 규정한 법에 따르는 것은 자신이 정한 법을 지키는 게 된다.

이상이 루소가 말하는 소수파가 다수결 결과에 따라야 하는 정당한 근거다. 콩도르세는 이런 논의를 강하게 의식했으므로, 투표 시 다수파에 대한 존중을 중시했다. 맞대결 승자 기준은 이런 태도를 가장 명확하게 구체화한 것이다.

다수결의 폭주를 막다

지금의 논의는, 어떤 조건 아래에서 소수파가 다수파의 투표 결과에 따르는 게 정당한 것인지를 밝히고 있다. 일단 사람들이 숙의적 이성을 통해 투표에 참여해야 한다. 사람들의 이해 대립이 날카로워 의사를 일반화할 수 없는 대상은 애초에 투표의 대상이 될 수 없다. 전형적으로, 자유나 권리의 침해에 관한 사항, 가령 소수민족 배제나 성적 소수자에 대한 억압을 투표로 결정하는 일은 있을 수 없다.

그렇다면 다수결에 의한 이런 침해 가능성을 어떻게 억제할 수 있을까? 만반의 대책이 있는 것은 아니지만, 효과적인 대책 세 가지를 들어보겠다.

첫 번째는 다수결에 따라 상위의 심급(審級)을 사전에 방파제로 세우는 것이다. 가령 다수파가 소수파를 억압하는 법률이 만들어지지 않도록 상위 헌법에서 이를 금지하는 입헌주의의 대책이 그것이다. 일본에서는 법률과 조례가 헌법을 위반하면 이를 무효화하는 위헌입법 심사권을 최고재판소가 가지고 있다. 이런 체제가 기능하기 위해서는 헌법을 다수결로 간단히 개정할 수 있어서는 안 된다(이와 관련해서는 4장 3절에서 다시 다루겠다). 입헌주의는 민주주의의 이름 아래 비민주적인 행위가 발생하지 않도록 방지하는 역할을 하며, 민주제가 적절하게 작동하도록 기능한다.

두 번째는 복수의 기관에서 다수결을 실시하는 것이다. 예를 들어 입법부를 중의원과 참의원으로 이원화해서 양원의 다수결을 모두 통과하지 못하면 법률을 제정할 수 없도록 만드는 것이다. 중의원과 참의원의 다수파가 달라지는 '뒤틀린 국회'는 이런 제도가 기능한 결과 생기는 현상이다.

세 번째는 다수결의 기준을 과반수보다 높게 설정하는 것이다. 가장 높은 기준은 100퍼센트, 즉 만장일치다. 극단적이라고 생각할 수도 있지만, 애초에 민주주의는 다수파를 위한 것이 아니라 만인을 위한 것이다. 만장일치의 좋은 점은 법안의 제안자가 모두가 동의할 수 있는 법안을 찾아내도록 만든다는 점이다. 다수결에서는 과반수의 지지만 얻으면 법안이 통과되므로, 제안자는 소수파를 배려할 이유가 없어져 소수파에 신경을 쓸 이유가 없어진다. 기준선을 과반수보다 높게 잡으면 제안자가 보다 넓은 층에 신경을 쓰게 된다. 이 점은 의외로 간과하기 쉬운 중요한 부분이다.

세 번째 대책과 관련해 조금 더 말해보자. 지금까지는 법안을 '통과시키는 것'과 '통과시키지 않는 것' 두 가지 선택지를 염두에 두고 이야기를 했다. 그렇다면 선택지가 세 가지 이상일 때는 어떻게 생각하면 좋을까? 선택지가 세 가지 이상일 때 하나의 선택지가 만장일치의 지지를 받기란 상당히 어렵다. 이럴 때 효과적인 의사결정 방식은 바로 보르다 투표법이다. 보르다 투표법에서 이기기 위해서는 다수파뿐 아니라, 폭넓은 층에서 점수를 따야 하기 때문이다. 순위의 격차를 거리처럼 수학적으로 다루면, 보르다 투표법에서 승리하는 선택지는 다른 어떤 선택지와 비교해도 만장일치와 거리가 가깝다는 계산 결과가 나온다.

사회적 분단과 다수파의 폭주

사회적 분단이 이루어져 다수파가 소수파를 억압한 예로, 르완다 대학살을 들 수 있다. 이 사례는 지금까지의 논의는 물론 향후의 논의를 이해하는 데도 유용할 것이다.

1994년 봄에서 초여름 사이, 아프리카 중부 르완다 공화국에서 다수파인 후투족이 소수파인 투치족을 학살했다. 희생자의 정확한 수는 밝혀지지 않았지만, 전 인구의 약 1퍼센트에 달하는 80만 명에서 100만 명이 희생되었을 것으로 추정한다. 이 대학살은 서로가 서로를 손도끼나 곤봉 등 손쉽게 구할 수 있는 무기로 죽였다는 게 특징이다. 가스실이나 원자폭탄과 비교하면 심리적 부담이 큰 학살 방법이다.

르완다에서는 민족을 나누는 게 생사를 가를 정도로 중요했다. 그러나 사람은 애초부터 구분되는 게 아니다. 사람을 구분하는 사람이 있을 뿐이다.

르완다인을 민족별로 나눈 것은 1930년대에 르완다를 식민지로 삼은 벨기에인이었다. 통치의 편의를 위해 모든 르완다인을 후투족(인구의 85퍼센트), 투치족(13퍼센트), 투와족(1퍼센트)으로 공식 구분했고, 각 민족마다 ID카드를 발행해서 투치족을 우대하는 인종차별기구를 만들었다.

공교육의 장인 가톨릭교회는 투치족의 우수성과 타민족의 열등성을 르완다인에게 가르쳐서 사회적 분단을 촉진시켰다. 국가 제도는 투치족에 의한 군주제였다. 르완다 사람들에게는 '어느 부족의 누구'라는 꼬리표가 붙었고, 이는 정체성으로서 많은 사람에게 내면화되었다.

1959년에 투치족의 활동가가 후투족의 활동가를 습격하는 사건이 생겼고, 이를 계기로 후투족이 투치족의 정부 기관을 습격해 혁명이 일어났다. 1961년에 군주제가 폐지되면서 르완다는 형식적으로는 민주주의 국가가 된다. 그러나 이 내용물은 민주주의가 아니라 다수파주의였다. 권력을 쥔 후투족 지상주의 정당이 투치족을 박해하기 시작한 것이다. 국제사회에서 르완다는 프랑스어권 세력에 속해 있었고, 이곳에 대한 영향력을 유지하고 싶었던 프랑스는 후투족 지상주의 정부를 지원했다(대학살 때도 도중까지 후투족을 보호하고 투치족을 공격했다).

한 나라 안에서 다른 ID카드를 발급받는 사람들. 다수파주의 아래서 후투족에 의한 박해와 투치족의 반격이 계속되었다. 물론 실상은 이보다 더 복잡하지만, 크게 이런 과정을 거쳐서 1994년의 대학살에 다다른 것이다. 당시 라디오에서는 투치족 살해를 조장하는 프로파간다를 계속해서 방송했다.

그렇다면 자신이 후투족이라는 이유로 이웃한 투치족을 살해하는 행위는 과연 자유로운 행위라고 할 수 있을까? '우리나 저쪽이나 르완다인이므로(또는 인간이므로)' 혹은 '우리나 저쪽이나 취미를 공유하므로' 아니면 단순히 '지금까지 이웃하며 살았으니까' 등의 이유를 들어 공존을 선택하면 안 되는 것일까? 투치족과 대립하는 이미지의 후투족 정체성을 강요받아 이를 고집한 인간 영혼의 상태는 더 이상 자유가 아니다.

자유와 사회계약

스스로 결정하는 것과 자유의 개념에는 어떤 관계가 있는 것일까? 루소의 논의 안에서 이를 살펴보자. '자유'라는 말은 논자에 따라서 상당히 다른 의미로 쓰인다. 여기서는 루소의 논의에 이어,

20세기 후반에 『정의론』(*A Theory of Justice*)을 집필한 철학자 존 롤스(John Rawls)의 강의록 『정치철학사 강의』(*Lectures on the History of Political Philosophy*)의 용어 사용을 따라간다.

사회계약은 두 종류의 자유를 낳는다. 우선 일반의지를 통해 스스로 정한 법에 따르는 **도덕적 자유**다. 도덕적 자유는 원어로 'la liberté morale'인데, 'morale'에는 '도덕적, 정신적'이라는 뜻이 있어 번역하기 쉽지 않다. 즉 여기에는 정신이 욕망의 노예가 되지 않고 독자적인 의지가 이를 제어하며, 그 행위에서 도덕성이 생긴다는 뉘앙스가 있다. 그리고 이렇게 규정된 법의 제약 속에서 자신의 의지대로 살아갈 자유를 **시민적 자유**라고 한다.

즉 공동체의 구성원은 사회계약으로 도덕적 자유와 시민적 자유를 획득한다. 잃는 것은 아무도 제약하는 사람이 없는 **자연적 자유**, 즉 방종이다. 소유를 예로 들자면, 자신이 가진 것에 대한 소유권을 얻고, 자신의 손이 닿는 것에 대한 무제한적인 획득권을 잃는 것이다.

이와 동시에 공동체 안에서는 일정 재산의 재분배가 요구된다. 사람들의 생존을 유지하는 데 불가결하기 때문이다. 과도한 재산 불평등은 인격적으로 대등한 관계를 붕괴시키고, 자만, 허영, 비굴, 추종 등이 만연하는 상태로 사회를 이끌어간다. 그렇게 되면 상호 존중은 어려워지며 일반의지에 기반을 둔 사회 유지가 불투명해진다. 이성의 자치였던 것이 욕망에 의한 지배가 되고, 의무의 수행이었던 것이 힘에 대한 복종이 되어, 계약 전의 상태로 되돌아가기 때문이다. 그렇게 되면 사회는 분열되고 입법은 일반의지에서 유래할 수 없게 된다.

재산 재분배는 사람들의 복리후생을 개선하는 자체적 목적을 가지는 동시에, 사회의 유대를 유지하는 강력한 수단이기도 하다. 그렇다면 어느 정도의 재분배가 필요할까? 루소는 "누구도 다른 사람을 돈으로 살 수 있을 만큼 부자가 되어서는 안 되며, 누구도 자기를 팔아야 할 만큼 가난해서도 안 된다"라고 말한다.

사회계약론의 이론 구성은 엄격하고 비타협적인데, 이는 인민주권 사회의 편성 원리를 철저하게 추구했기 때문이다. 루소의 작업은 화학식과 수학 공식을 도출하는 것과 비슷한 작업이었다고 볼 수 있다. 따라서 여기서 도출된 원리의 다수는 근대 시민사회를 사는 우리가 가지는 규범적 감각을 정리해서 엄밀하게 기술한 것이기도 하다. 루소가 근대 시민사회를 열어젖혔다는 평가를 받는 이유다.

그의 이론은 무척 엄밀해서, 때로는 우리가 당연하게 생각하는 상식을 가차 없이 뒤흔든다. 특히 앞으로 이야기할 대표민주제에 대한 그의 시선은 무척 삼엄하다.

3. 직접민주제 vs 대표민주제

대표민주제는 정당한가?

법안을 통과시킬 때마다 공동체 구성원을 모두 모아서 인민 집회를 열 수는 없는 노릇이다. 매번 이렇게 의사 결정을 내리기에는 사람들이 너무 바쁘고, 일이 너무 수고스럽다. 그래서 직접민주제 대신, 선거로 국회의원을 뽑아 입법을 맡기는 것(이것은 대표민주제의 독자적 의의를 고려하지 않은 단순한 견해이기는 하지만)이 대표민주제다.

비교해보면, 직접민주제가 '자신의 일을 스스로 결정'하는 제도라면, 대표민주제는 '자신의 일을 결정하는 사람을 스스로 결정'하는 제도다.

대표민주제 아래서 치러진 영국 의원 선거를 비난한 『사회계약론』의 다음 구절을 보자.

"인민이 스스로 승인하지 않은 법은 모두 무효이며, 단언컨대 법이 아니다. 영국 인민은 자유롭다고 생각하지만, 이는 커다란 착각이다. 자유로운 것은 의원을 뽑는 선거를 할 때뿐이며, 의원이 선출되자마자 영국 인민은 다시 노예로 되돌아간다."(루소, 『사회계약론』, 제3편 15장)

이 구절을 어떻게 읽을 것인가? 이것은 신랄한 비난이라기보다는, 의원 후보자들이 선거 기간 동안 그럴싸한 공약을 남발하다가 당선이 되면 그것을 지키지 않고 멋대로 행동하는 것을 비꼬는 것으로 읽힌다. 논자 중에는 루소는 직접민주제의 강력한 지지자지만, 그것을 실제 적용하기가 어려워 현실의 대표민주제를 인정하고 있다고 말하는 사람도 있다. 실제로 『사회계약론』 집필 후에 쓴 제언적 논고 「코르시카 헌법 초안」과 「폴란드 통치론」에서 루소는, 입법 제도 안에 대표민주제를 채용하고 있다.

그럼에도 원리적으로 대표민주제에 의한 입법은 정통이 아니다. 민주주의 사회의 범위와 형태를 『사회계약론』에서 찾는다면 대표민주제는 부정될 수밖에 없다. 최근 킹스칼리지 런던 대학의 정치학자 로빈 더글러스(Robin Douglass)는 이와 관련해 설득력 있는 논지를 전개했다. 그에 따르면 루소의 사회계약이 대표민주제와 모순된다는 두 가지 근거는, 일반의지와 인민의 성질 및 도덕적 자유의 중요성이다.

앞서 언급했듯, 루소가 말하는 인민이란 나뉠 수 없는 하나의 공동체다. 일반의지가 이를 지휘하지만, 이는 사람 개개의 정신적 의지이므로 잡아떼서 누군가에게 양도할 수 없다. 일반의지는 정신적인 것이기 때문이다. 따라서 일반의지를 나뉠 수 없는 공동체의 어느 일부분에만 양도하는 것은 불가능하다. 애초에 부분으로 나눌 수 없기 때문이다.

덧붙여 대표민주제에 의해 몇몇 사람이 입법권을 점유하면, 그 외의 사람은 스스로 결정한 법에 따를 자유인 도덕적 자유를 잃게 된다. 다른 사람이 결정한 법에 따라야 하기 때문이다. 대표민주제 아래에서 대표들은 도덕적 자유를 얻는 반면, 다른 사람은 이를 잃는다. 대표민주제 아래의 도덕적 불평등은 사회계약의 근본적 특징인 동등성을 위반한다.

즉 루소의 영국 국회의원 선거 언급은 비꼬는 게 아니라, 그가 세운 인민주권의 원칙에 모순되는 논리를 지적한 것뿐이다.

대표민주제는 인민주권의 관점에서는 정통이 될 수 없다. 그렇다면 정통성을 떠나 다른 이유로 대표민주제를 채용한다면, 이것은 기능적으로 직접민주제와 얼마나 차이가 날까? 결론부터 말하자면, 두 제도 사이에는 상상을 초월하는 차이가 있다. 이를 단적으로 일러주는 하나의 예를 들어보자.

유권자	재정	외교	환경	지지 정당
1	X	X	Y	X
2	X	Y	X	X
3	Y	X	X	X
4	Y	Y	Y	Y
5	Y	Y	Y	Y
다수결의 결과	Y	Y	Y	X

〈도표 3-3〉

오스트로고르스키의 패러독스

대표민주제로 1명의 정치가를 선출하는 선거를 생각해보자. 정당은 X와 Y 두 곳이다. 선거의 쟁점은 3개로 '재정', '외교', '환경'이다. 유권자는 5명이고, 그들을 유권자 1에서 유권자 5로 표시한다. 유권자 1은 재정은 X정당, 외교는 X정당, 환경은 Y정당의 정책을 지지한다. 그는 이 세 가지 쟁점을 균등하게 중요시하며, 종합적으로는 X정당을 지지한다. 다른 유권자들의 지지 성향은 〈도표 3-3〉과 같다.

이 표를 토대로 X정당과 Y정당이 선거를 하면 X정당이 승리한다. 그러나 여기서 만일 쟁점마다 직접선거를 하게 되면 어떻게 될까? 〈도표 3-3〉에 따르면 모든 쟁점에서 Y정당이 이긴다. 즉 대표민주제냐 직접민주제냐에 따라서 선출 결과가 완전히 달라지는 것이다.

이는 어디까지나 하나의 예시지만, 대표민주제가 직접민주제의 대체재가 아님을 단적으로 드러낸다.

이처럼 대표민주제와 직접민주제가 정반대의 결과를 내는 것을 **오스트로고르스키의 패러독스**라고 한다. 모이세이 오스트로고르스키(Moisei Yakovlevich Ostrogorskii)는 19세기부터 20세기까지 활동했으며, 제정 러시아의 국회의원을 지낸 정치학자다. 그는 민주제에서 정당이 맡은 역할에 부정적인 논객이었다. 이 패러독스는 오스트로고르스키가 죽고 반세기 이상 지난 1976년에 정치학자 더글러스 래(Douglas W. Rae)와 한스 다우트(Hans Daudt)가 발표한 것으로, 그에게 경의를 표하기 위해 그의 이름을 붙였다.

루소는 민주적인 사회의 한 가지의 규범과 그 원리를 집요할 정도로 정성스럽게 그려냈다. 그렇다면 이와는 다른 사회, 가령 국민이 직접 입법을 할 방법이 전무하고 세습 정치가 횡횡하며 거대 기업이 정치에 커다란 영향을 미치는 사회의 정치 체제를 과연 무어라 해야 할까? 20세기를 대표하는 정치학자 중 하나인 로버트 달(Robert Dahl)은 현실의 비교적 민주화된 체제를 '다두정치'(多頭政治, polyarchy)라고 부르고, 이를 이념으로서의 민주주의와 구별했다. 우리가 '민주적'이라고 생각하는 사회는 실제로 얼마나 민주적이며, 어떤 의미에서 민주적일까?

루소가 노예라 칭한 것은 선거 기간 외의 영국인만이 아니다. 마치 자신과는 상관없는 말처럼 '노예'라는 단어를 읽은 『사회계약론』의 독자는, 어느새 그 말이 자신을 가리키고 있다고 느낀다. 현행 사회제도에 길들여진 사람은 그 의존 상태로 보아서 노예 그 자체라는 것이다.

『사회계약론』이 제시하는 민주주의의 범위는 북쪽을 향해 걷는 여행자가 보는 북극성과 같다. 아무리 가도 영원히 도달할 수 없는 지침이다. 그리고 루소가 묘사한 범위 및 형태와 현 사회의 차이는, 현 사회의 여러 문제를 인민주권의 각도에서 부각시켜 우리를 당혹케 한다.

IV

민주주의는 어떻게 작동하는가?

1. 중위 투표자 정리

직접민주제의 불가능성

체코 공화국의 수도인 프라하 교외에는 스트라호프 스타디움(Strahov Stadium)이라는 거대한 육상경기장이 있다. 최대 수용 인원에는 논란이 있으나, 필드 포함 대략 22만 명이라고 하니 세계 최대임에는 틀림없다. 벨벳혁명 이전, 체코가 체코슬로바키아 사회주의 공화국의 일부였던 시기에는, 여기서 '민족의식의 각성'을 위한 일사불란한 매스 게임이 대대적으로 치러졌다.

그렇다면 이 정도 규모의 경기장을 매스 게임이 아니라, 직접민주제를 위한 인민 집회에 이용하는 것은 가능할까? 유권자의 수가 22만 명을 넘으므로 물리적으로 불가능하다. 그렇다면 지역을 나누고 한 지역의 유권자 수를 그 정도로 만든 후, 각 지역에서 분할 자치를 하면 어떨까? 연방제 국가로 해보자는 것이다.

과연 인민 집회에서 22만 명 전원이 발언의 기회를 얻을 수 있을까? 매일 10시간 동안 인민 집회를 열어 법안 심사 하나에 한 사람이 1분씩만 발언해도, 시간은 366일 이상 걸린다. 1년이 넘는 시간이다.

법 제정에 직접 참가하는 것이 아무리 도덕적 자유(스스로 결정한 법에 따를 자유)를 낳는다고 해도, 여기에 막대한 시간이 요구되면 법의 테두리 안에서 자유롭게 살아갈 시민적 자유의 시간이 상실된다. 법을 지킬 시간조차 없다면 무엇을 위한 법인지 알 수 없다.

그렇다면 전원이 한곳에 모여 발언해야 할 필요가 있을까? 여기서 '한곳에 모이는 일'과 '발언하는 일'을 나눠서 생각해보자.

우선 '발언하는 일'에 대해 이야기해보자. 전원이 아니라 몇 사람의 대표자가 발언하면 충분하다고 여길 수도 있다. 비슷비슷한 의견을 반복해서 말하는 건 시간 낭비라는 것이다. 합리적인 생각이긴 하지만, 이때는 누구에게 대표를 맡겨 발언의 기회를 주는지가 중요해진다.

다음은 '한곳에 모이는 일'에 대해 언급해보자. 인터넷이 보편화된 현대에는 반드시 유권자가 물리적으로 모이지 않아도 된다. 유권자는 대표자의 발언을 온라인으로 읽고(22만 명의 발언을 읽을 수는 없다), 법안 심사를 하기만 하면 된다. 그럼에도 다양한 법안을 심사하는 데는 어마어마한 시간과 노력이 들 것이다. 그렇다면 이 역시 누군가에게 맡기고 싶어질지도 모른다.

이렇게 생각해보면, 유권자가 법안 심사에 직접 관여하는 직접민주제보다 대표를 선출해서 그들에게 맡기는 대표민주제가 낫다는 결론이 나온다.

콩도르세는 오직 직접민주제만을 허용하는 루소의 인민주권론을 강하게 의식했으나, 자신이 혁명기에 기초한 지롱드파의 법안 초안에는 대표민주제를 채용했다.

그는 미국과 같은 연방제 국가에는 부정적이었다. 독립성이 높은 지역이 한 나라 안에 여럿 있으면 한 국가로서 연대감을 유지하는 게 어려워져서 타국의 침략에 취약해진다고 생각했기 때문이다. 애초에 사회계약으로 생성되는 공동체는 나뉠 수 없는 주체다. 콩도르세는 "그러므로 프랑스는 공화국이라 선언할 수밖에 없는, 하나의, 나뉠 수 없는 것"이라고 헌법 초안을 설명하는 논고에서 서술한 바 있다.

그 귀결로서 그는 "공화국의 크기를 생각하면 우리는 대표민주제밖에 취할 수 없다"라고 하며, 대표민주제를 축으로 삼아 헌법 초안을 작성했다. 이에 인민 대표들은 일원제(一院制)를 구성해 주권자의 의사를 체현하는 자들로 간주했다.

콩도르세는 대표민주제 특유의 이점으로, 의회에서의 숙의를 들었다. 그의 생각에 따르면, 특정 물음에 대한 논점이 명확해질수록 애초 다양했던 의원들의 의견은 하나로 모이고, 또 의견의 차이는 어떤 원칙을 존중할지의 차이가 되어 선명해진다.

분명 대표민주제의 채용은 『사회계약론』을 이반하는 것이나, 콩도르세의 이 같은 생각은 『사회계약론』 제4편 2장에 있는 "조화가 의회를 지배할 때, 즉 의견이 만장일치에 가까울수록 일반의지는 우세해진다"는 말을 연상시킨다. 그러므로 콩도르세는 대표민주제에서 일반의지를 발견하는 적극적 의의 부여를 했다고도 볼 수 있다. 물론 이를 위해서는 대표들이 의회에서 지지자의 의향이 아니라 일반의지가 가리키는 것을 찾으려 노력해야 한다.

유권자와 대표의 관계는 '신탁'과 '대리'로 나눌 수 있다. 유권자가 대표를 선출할 때, 후보자의 각종 문제에 대한 판단력을 기준으로 고르는 것이 신탁, 자신의 이익 증진을 위한 대변자로서 대표를 고르는 것이 대리다. 콩도르세는 신탁에 기반을 둔 대표를 상정하고 있다.

하지만 많은 경우에 만장일치를 기대하기는 힘들다. 그렇다면 의회에서 만장일치가 실현되지 않을 때, 최종 결정은 어떻게 내려야 할까? 이 물음을 쟁점이 명확한 하나의 정치적 과제로 축소해서 생각해보도록 하자. 이때 실로 콩도르세가 좋아할 만한, 그러나 당시 그는 알지 못했던 한 의사결정 방식이 효과적으로 기능한다. 그것은 바로 20세기 중반에 던컨 블랙이 발견한 **중위(中位) 투표법**이다.

단봉성과 중위 투표법

쟁점이 명확한 하나의 정치적 과제를 생각해보자. 가령 이웃 나라와의 외교라는 정치적 과제에서 대외 전략은 알기 쉬운 쟁점이며, '온건, 중도, 강경'처럼 선택지를 단계적으로 나열할 수 있다. 또 소비세율도 '5퍼센트, 10퍼센트, 15퍼센트, 20퍼센트'처럼 선택지를 단계적으로 나열할 수 있다.

한 가지 정치적 과제로 초점을 좁힐 때는, 이처럼 선택지를 단계적으로 정리해서 나열하는 일이 많다. 이럴 때 각 개인은 하나의 선택지를 최선이라 여기고, 거기서 멀어질수록 점점 좋지 않게 여긴다. 이웃 나라와의 외교를 예로 들면 여기에는 네 가지 유형이 있다.

유형 1(온건을 희망하는 경우): 1위가 '온건', 2위가 '중도', 3위가 '강경'인 사람이다. '온건'이 최고의 선택지.

유형 2(중도를 희망하나 강경은 싫은 경우): 1위가 '중도', 2위가 '온건', 3위가 '강경'인 사람이다. '중도'가 최고의 선택지.

유형 3(중도를 희망하나 온건은 싫은 경우): 1위가 '중도', 2위가 '강경', 3위가 '온건'인 사람이다. '중도'가 최고의 선택지.

유형 4(강경을 희망하는 경우): 1위가 '강경', 2위가 '중도', 3위가 '온건'인 사람이다. '강경'이 최고의 선택지.

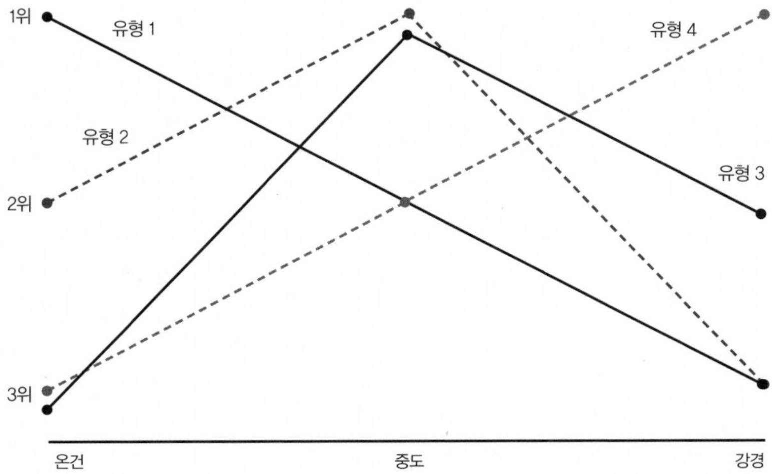

〈도표 4-1〉 이웃 나라와의 외교를 쟁점으로 삼을 때의 순위
*누구나 하나의 봉우리를 갖는 산 형태로 순위를 매긴다.

〈도표 4-1〉은 이 네 가지 유형을 나타낸 것이다. 도표에서는 누구나 하나의 봉우리를 갖는 산 형태의 그림을 볼 수 있다. 그 때문에 이런 유형을 **단봉적**이라고 하며, 1위 선택지는 **봉우리**라고 부른다. 단봉적이지 않은 유형으로는 '1위는 온건을 지지하지만 2위는 강경을 지지하고, 3위는 중도' 같은 태도를 예로 들 수 있데, 이는 태도에 일관성이 결여되어 있으므로(적어도 일반적으로는 그렇다) 이런 식으로 순위를 매기는 개인은 없거나, 있다고 해도 소수다. 즉 전형적이지 않다는 말이다.

따라서 쟁점이 명확한 정치적 과제에서는 사람들이 단봉적으로 순위를 매긴다고 가정하고, 앞으로 이야기를 진행하겠다.

다수결과 중위 투표법

9명의 의원이 이웃 나라와의 외교 전략으로 온건과 중도 중 어느 쪽을 선택할지 논의하고 있다. 의회의 추세는 중도로 기울어져 있으며, 이대로 다수결을 하면 중도가 과반수인 5명의 지지를 얻어 승리할 것이다.

그러나 의결 직전, 이웃에 비타협적인 태도를 취하려는 자가 '중도 따위 뜨뜻미지근하다, 강경을 선택지에 추가하자'라고 주장했다고 하자. 온건이 선택지에 있으므로, 그 대척에 있는 '강경'도 선택지에 있어야 옳다는 주장이다. 이 의견은 선택지를 만들 때 중위적이어야 한다는 이유에서 의회에서 인정되었다.

마침내 논의가 끝나고 다수결을 해야 할 단계가 되었다. 개표 결과를 보면 '온건'이 4표, '중도'가 3표, '강경'이 2표다. 승리한 것은 표를 가장 많이 얻은 '온건'파다. 원래 중도가 승리할 수 있었는데, '강경'이 새롭게 선택지에 더해지면서 '중도' 표가 분산된 것이다.

이 사례에서 알 수 있는 다수결의 난점을 정리해보자.

1) 표의 분산에 대한 취약성

강경을 요구하는 사람에 의해 '강경'이 선택지에 더해졌고, 결과가 '중도'에서 '온건'으로 바뀌었다. 즉 다수결에서는, 특정인에게 바람직한 선택지가 느는 것이 외려 그 사람에게 불리하게 작용하기도 한다.

2) 전략적 조작에 대한 취약성

'강경'이 선택지에 더해졌으므로, '강경' 지지자는 '중도' 지지자와 협조했으면 좋을 뻔했다. 정직하게 강경에 투표하는 게 아니라, 일부러 중도에 투표하는 게 나았을 것이라는 말이다. 모두가 단결해 전략적으로 '중도'에 표를 줬다면 온건을 이길 수 있었다. 즉 전략적 투표 행위로 다수결의 결과를 조작할 수 있다.

단봉성이 성립되지 않을 때도 다수결에서는 표의 분산과 전략적 조작이 모두 발생한다. 이 두 가지 난점을 든 이유는, 단봉성이 성립할 때 이 난점이 발생하지 않는 의사결정 방식이 존재하기 때문이다.

그것은 **중위 투표법**이다. 유권자의 다양한 선호 중 한가운데(=중위 혹은 중앙〔median〕)를 선택하는 의사결정 방식이다. 앞서의 경우 유권자 수가 9명이므로 한가운데는 5명째가 된다. 만일 유권자 수가 7명이라면 4명째, 5명이면 3명째가 된다(유권자가 짝수일 때 한가운데는 두 곳이 되는데, 둘 중 어느 곳을 선택해도 좋다).

지금의 예에서 한가운데 봉우리는 '중도'다. 9명의 봉우리를 왼쪽부터 세어보면 '온건' 4명, '중도' 3명, 누계 4+3=7명으로, 5명째가 '중도' 지지자이기 때문이다. 따라서 이 조건에서 중위 투표법은 한 가운데에 있는 '중도'를 선택한다. 이 결과는 오른쪽부터 세어 봐도 마찬가지다. '강경' 2명, '중도' 3명, 누계 2+3=5명이 되므로 역시나 5명째는 '중도' 지지자다. 왼쪽부터 세어도, 오른쪽부터 세어도 같은 결과가 나오는 것은 한가운데라는 규정이 있으므로 당연한 일이다(유권자 수가 짝수일 때는 어느 쪽에서 세기 시작하느냐에 따라서 결과가 달라질 수 있다).

중위 투표법에서는 표의 분산도 없고 전략적 조작도 불가능하다. 이 사실을 확인해보자.

1) 표의 분산에 강함

'강경'을 희망하는 사람이 '강경'을 선택지에 더해도 결과는 '중도'에서 변하지 않는다.

2) 전략적 조작에 강함

자신이 지지하는 선택지에 정직하게 투표를 하는 게 가장 좋다. 즉 '정직이 최선의 방책'이 된다.

'중도' 지지자는, 중위 투표법에서 최선의 선택지인 '중도'가 실현되므로, 부정직하게 다른 곳에 투표할 이유가 없다. '온건' 지지자와 '강경' 지지자는 서로 전략적 협조를 하지 않는다. 가령 '온건' 지지지자들이 정직하지 않게 '강경'을 지지하면, 결과를 '중도'에서 '강경'으로 바꿀 수 있는데, 이는 '온건' 지지자들에게 좋을 게 하나도 없다.

이 책에서는 설명의 편의를 위해 '1인의 전략적 조작'과 '복수의 전략적 조작'을 구별하지 않고 한꺼번에 다루고 있다. 엄밀하게 말하면 1인의 전략적 조작에 강한 성질을 **내(耐)전략성**, 복수의 전략적 조작에 강한 성질을 **연립 내전략성**이라고 한다.

유권자들의 봉우리 한가운데를 **중위선택지**라고 부른다. 중위선택지는 '각자 최선의 선택이라고 판단하는 선택지의 정중앙'이므로, 모두 협력해 타협을 한 선택지라고 해석할 수 있다. 타당한 타협의 결과라는 말이다.

중위선택지에는 바람직한 점이 더 있다. 바로 '맞대결 승자'가 성립한다는 점이다. 이 점은 무척 친(親)콩도르세적이라고 할 수 있다. 이를 확인하기 위해 지금의 상황에서 맞대결 다수결을 실시해 보자. 〈도표 4-2〉는 〈도표 4-1〉의 순위를 맞대결 비교에 용이하도록 나타낸 것이다.

〈도표 4-2〉에서는 '온건' 지지자를 유형 1, '중도' 지지자를 유형 2, '강경' 지지자를 유형 4로 구분해서 이 상황을 나타냈다. '중도' 지지자로 유형 2와 유형 3을 섞어도 무방하나, 여기서는 설명을 쉽게 하기 위해 '중도' 지지자를 유형 2로 한정했다.

	'온건' 지지자 4명 (유형 1)	'중도' 지지자 3명 (유형 2)	'강경' 지지자 2명 (유형 4)
1위	온건	중도	강경
2위	중도	온건	중도
3위	강경	강경	온건

〈도표 4-2〉

맞대결 다수결을 하면 '중도'는 '온건'에 (3+2=)5 대 4로 승리하고, '강경'에는 (4+3=)7 대 2로 승리한다. 맞대결 승자가 되는 것이다. 이것은 일반적으로 성립하는 사실로 단봉성 아래서는 중위선택지가 반드시 맞대결 승자가 된다. 이를 **중위투표자 정리**라고 한다.

덧붙이자면 여기서 순환은 발생하지 않는다. 맞대결 다수결을 하면 '중도'가 '온건'과 '강경'에 승리하고, '온건'이 '강경'을 이기므로, 전체적으로 봤을 때 위에서부터 '중도', '온건', '강경' 순이 되어 순환 없이 순위를 확정할 수 있다.

단봉성일 때 '보르다 아니면 콩도르세'

중위 투표법의 가장 큰 이점은 역시 내전략성이다. 누구나 생각하는 순위를 있는 그대로 표명할 수 있다. 다수결에서처럼 '사표(死票)가 되는 게 싫으니 이길 가망이 있는 차선의 선택지에 투표하자'

는 식의 투표 행위를 하지 않아도 된다.

중위 투표법 외에 내전략성을 충족시키는 의사결정 방식이 있을까? 이 물음에 답한 것이 에르베 물랭(Hervé Moulin)이다. 최근 40년 동안 의사결정 방식 연구를 선두에서 이끈 글래스고 대학의 교수로, 프랑스 출신이다.

물랭은 1980년 『공공선택』(*Public Choice*)에 발표한 「내전략성과 단봉성」(On Strategy-proofness and Single Peakedness)이라는 논문에서, 단봉성이 성립할 때 내전략성과 다른 몇 가지 자연적 조건을 충족하는 것은 중위 투표법과 그 유형밖에 없음을 증명했다. 이 책에서는 지금까지 주로 보르다 투표법을 지지했지만, 단봉성이라는 조건에서는 중위 투표법(=맞대결 승자를 선택하는 투표법)의 매력이 급격히 높아진다.

덧붙여서, 단봉성이 조건일 때 중위 투표법을 적용하면, 2장에서 언급한 기권 패러독스가 발생하지 않는다. 기권 방지성도 충족시키는 것이다. 중위 투표법은 콩도르세가 지지하는 맞대결 승자를 선택하는 의사결정 방식이다. 따라서 단봉성이 성립할 때는 '보르다 아니면 콩도르세'라는 질문에 대해 '콩도르세'라고 답해도 좋을 것이다.

2. 애로의 불가능성 정리

철저한 맞대결 비교

대략적으로 말하면, 단봉성이 성립할 때는 맞대결 다수결을 해서 그 결과를 합치면, 선택지 전체의 순위 선정을 순환 없이 구성할 수 있다. 하지만 엄밀하게 말하면, 순환이 발생하지 않는다고 단언할 수 있을 때는 유권자의 수가 홀수일 때뿐이다. 짝수일 때는 다수결에서 '동점'이 발생하며, 이것이 방해가 되어 미미하나마 순환이 발생할 수 있다. 그러나 홀수든 짝수든 중위선택지가 맞대결 승자가 되는 사실만큼은 변하지 않는다. 맞대결 다수결을 하는 것이 꽤 잘 기능하는 것이다.

반면 단봉성이 성립하지 않으면 앞서 말한 바람직한 기능들이 하나도 작동하지 않는다. 얼마든지 순환이 발생할 수 있고, '봉우리의 한가운데'가 없으니 중위선택지를 정의내릴 수도 없다.

맞대결 다수결을 고집하지 않으면, 지금까지 보아왔듯 보르다 투표법, 콩도르세-영의 추정법 등 뛰어난 의사결정 방식을 얼마든지 적용할 수 있다.

그렇다면 '맞대결 다수결'을 끈질기게 관철하면 어떻게 될까?

지금부터 맞대결 다수결을 철저히 관철하는 것을 '선택지 X와 선택지 Y가 대결할 때, 다른 선택지 Z가 절대 영향을 끼치지 않아야 한다'는 요구라 생각하고 이야기를 계속해보자. 이 요구를 **이항(二項)독립성**이라고 한다. 2000년 미국 대통령 선거를 예로 들자면, 이항독립성은 '부시와 고어의 대결에 랠프 네이더가 절대 영향을 끼치지 않는다'는 요구를 포함한다.

이항독립성은 매우 강력한 조건이다. 네이더가 고어의 표를 잡아먹은 결과로 부시가 역전승을 거둔 것을 보고, 우리는 지금까지 '표의 분산'에 강한 의사결정 방식을 다양하게 알아보았다. 보르다 투표법과 콩도르세-영의 추정법이 그런 의사결정 방식이다. 그러나 이항독립성은 '표의 분산에 강할' 뿐 아니라, 네이더가 '일절 영향을 끼치지 않을 것'까지 요구한다.

조금 더 학술적으로 말해보자. 이항독립성이란, 선택지 전체의 순위 선정을 맞대결 비교에 의거해야 하며 절대 다른 것에 의거해서는 안 된다는 조건이다. 과연 어떤 의사결정 방식이 이런 조건을 충족시킬 수 있을까? 이 물음을 줄기차게 물은 것이 케네스 J. 애로(Kenneth J. Arrow)다. 애로에 대해서는 뒤에서 다시 언급하기로 하고, 이 물음에 대한 답을 미리 말하자면, 제대로 된 의사결정 방식 중에서 이 조건을 충족시키는 방식은 존재하지 않는다. 이것이 **애로의 불가능성 정리**다.

독재의 귀결

지금부터 이항독립성을, 이를 충족시킬 수 없는 의사결정 방식인 보르다 투표법으로 설명해보겠다. 이항독립성을 충족시키는 의사결정 방식으로 설명하지 않는 것이 의아할 수도 있지만, 애로의 불가능성 정리는 애초에 (제대로 된 의사결정 방식 중에) 그런 의사결정 방식은 없다고 단언한다. 이는 수학적 정리를 통해 입증되었으므로 받아들일 수밖에 없다.

그 때문에 애로의 불가능성 정리를 이해하는 것은 꽤나 까다로운 일이다. 뒤에서 언급하겠지만, 그런 까닭에 이 정리는 확대해석하기 쉽다.

보르다 투표법을 염두에 두고, 우선 사례 A를 살펴보자(도표 4-3). 유권자는 5명이다. 사례 A에서 보르다 투표법은 XYZ 순으로 선택지의 점수를 매긴다(위에서부터 차례로 12점, 11점, 7점). X가 최상위다. 그런데 여기서 왼쪽 열에 있는 YXZ 3명이 Z의 순위를 하나 올려서 YZX가 되었다고 하자. 그러면 사례 B처럼 된다(도표 4-4). 사례 B에서 보르다 투표법은 YZX 순으로 선택지의 점수를

사례 A	3명	2명
1위	Y	X
2위	X	Z
3위	Z	Y

〈도표 4-3〉

사례 B	3명	2명
1위	Y	X
2위	Z	Z
3위	X	Y

〈도표 4-4〉

매긴다(위에서부터 차례로 11점, 10점, 9점). 이번에는 X가 최하위다.

눈여겨볼 점은 사례 A와 사례 B 사이에서 보르다 투표법이 X와 Y에 부여하는 순위에 역전이 생긴다는 점이다. X가 최상위에서 최하위로 전락하는 것이다.

이런 역전을 '위반'이라고 보는 게 이항독립성이다. 지금까지 한 이야기를 정리해보자.

- 사례 A에서 보르다 투표법을 실시하면, X가 Y보다 순위가 높다는 결과가 나온다.
- 사례 B에서 보르다 투표법을 실시하면, Y가 X보다 순위가 높다는 결과가 나온다.

사례 A와 사례 B에서 X와 Y의 순위가 역전되고 있다. 이것은 이항독립성 위반이다. 왜 이를 위반이라고 말하는가? 이항독립성의 정신이 다음과 같기 때문이다.

사례 A와 사례 B에서 X와 Y 맞대결의 상대적 순위는 바뀌지 않는다. Z의 위치만 바뀐다. 구체적으로 보면, 왼쪽 열의 3명이 Y를 X보다 높은 순위에 놓고, 오른쪽 열의 2명이 X를 Y보다 높은 순위에 놓은 것은 두 사례 모두 마찬가지다. 그러나 보르다 투표법은 두 사례에서 X와 Y의 순위를 역전시킨다. 이는 바람직하지 않다. 위반인 것이다.

즉 이항독립성에서는 X와 Y의 집단적인 순위를 정할 때 X와 Y의 개인적인 순위만으로 이를 결정하기를 요구한다. 결정을 할 때 Z와의 상대적인 관계를 고려 대상에 넣을 수 없다.

콩도르세는 점수 투표법처럼 순위로 배점하는 방법을 싫어했는데, 이 태도에 철저히 천착하는 것이 이항독립성이다. 콩도르세-영의 추정법조차 이항독립성을 충족시키지 못한다.

앞서 이항독립성에 대해 언급하면서 '선택지 X와 선택지 Y의 대결에 그 밖의 선택지인 Z가 전혀 영향을 끼치지 않는다'고 설명했다. 이항독립성을 실제로 적용해보면서, 이 원칙이 무척 절대적임을 깨달았을 것이다.

이항독립성에서 '전혀 영향을 끼치지 않는다'는 요구는 '모두 무시할 것'이라는 요구로 작동한다. X와 Y의 집단적인 순위를 매길 때는 Z와의 관계는 모두 무시하고 생각해야 한다. 전체 선택지 중에서 위치 관계를 고려하는 것 따위는 당치도 않은 일이다. X가 1

위이고 Y가 9위든, X가 8위이고 Y가 9위든 둘 다 'X가 Y보다 상위'에 있으므로 동등하게 취급해야 한다.

이런 금지 사항이 너무 엄한 탓에, 선택지 순위를 매길 방법이 너무 궁해진다. 이항독립성은 유익할 수도 있는 정보를 지나치게 배제한다.

물론 맞대결 비교만으로 얼마나 능숙하게 전체 순위를 매길 수 있는지 알아보는 것은 하나의 연구 방침이다. 그러나 이 방침의 중요성이 꼭 자명한 것은 아니다. 생각할 수 있는 의사결정 방식들은 모두 이항독립성을 충족시키지 못하나, 그중에는 매력적인 것이 몇 개나 있다.

덧붙이자면 맞대결 비교에만 의거해 전체 순위를 매겨도 계산이 편해진다는 보장은 절대 없다. 더하기만 하면 되는 점수 투표법은 이미 다양한 곳에서 사용되고 있다. 특히 계산기가 발달한 현대에서 계산의 편리함을 이항독립성의 이점으로 여길 이유는 없다.

이 책에서 지금까지 다룬 다양한 의사결정 방식도 이항독립성을 충족시키지 못한다. 그렇다면 이를 충족시키는 규칙은 도대체 무엇이란 말인가? 정답은 **독재제**(獨裁制)다. 독재제란, 특정 인물(독재자)이 있어서 누가 어떤 식으로 순위를 매기든 독재자가 매기는 순위가 그대로 그 집단의 순위가 되는 것을 말한다. 독재자 말고는 누구도 결과에 영향을 줄 수 없는 것이다.

가령 〈도표 4-3〉과 〈도표 4-4〉에서 '왼쪽 열의 3명' 중 1명(임시로 알랭이라 부르자)이 독재자라고 치자. 알랭 말고 누구를 독재자 자리에 놓아도 이 논의는 성립한다.

사례 A에서는 알랭의 독재에 따라 YXZ로 집단의 순위가 정해진다(왜냐하면 알랭이 그렇게 순위를 매겼기 때문이다). 사례 B에서도 알랭의 독재에 따라 YZX로 집단의 순위가 정해진다. 결과적으로 사례 A에서든 사례 B에서든 Y가 X보다 높은 순위에 있다는 점이 일치한다. 이항독립성과는 정합적이다. 이처럼 알랭의 독재제는 이항독립성을 충족시킨다.

물론 독재제는 정치적 평등과는 상극이고, 그 자체로 바람직하지도 않다. 또 사전에 정한 한 사람의 의견만 항상 채용되므로 다양한 식견을 담아낼 수 없다. 따라서 '독재제는 이항독립성을 충족시키므로 훌륭하다'라고 절대로 말할 수 없다. 이항독립성을 충족시키는 것 말고는 그 의의가 미약하기 때문이다.

케네스 애로와 무라카미 야스스케의 불가능성 정리

한 가지 다른 조건을 도입해보자. **만장일치성**이란 모두가 Y를 X보다 높은 순위에 놓을 때, 의사결정 방식에서도 Y를 X보다 높은 순위에 놓아야 한다는 조건이다. 상식적으로 정의된 다양한 의사결정 방식은 만장일치성을 충족시키며, 독재제처럼 특이한 경우에도 이는 충족된다. 전원이 Y를 X보다 높은 순위에 놓았을 때, 이들 중에 독재자가 있으므로 독재자의 의향에 따라 Y가 X보다 높은 순위에 놓인 게 된다.

비로소 불가능성 정리를 살펴보기 위한 기본 준비가 끝났다.

애로는 1951년에 출간한 박사 논문 『사회적 선택과 개인적 평가』(*Social Choice and Individual Values*) 제1판에서 불가능성 정리의 원형을 제시했는데, 후에 증명에 사소한 오류가 있음을 지적받고, 1963년에 출간한 제2판에서 정리를 수정해 불가능성 정리를 완성시켰다. 애로는 훗날 인터뷰에서 제1판의 오류를 지적받았을 때는 "놀랐지만, 이 정리는 분명 옳을 것"이라 생각했다고 밝혔다. 그래서 도출된 것이 다음의 정리다.

애로의 불가능성 정리: "이항독립성과 만장일치성을 충족시키는 의사결정 방식은 독재제뿐이다."

바꿔 말해 이항독립성과 만장일치성을 충족시키는 의사결정 방식 중에서 독재적이지 않은 것은 존재하지 않는다는 것이다. 애로는 이 정리를 '일반가능성 정리'라는 이름으로 발표했다. 내용적으로 보면 '찾고 있는 것이 존재하지 않기' 때문에, 불가능성 정리라고 부르는 게 더 적절할 터였다. 후일 애로는 인터뷰에서 가능성 정리라고 이름 붙인 것은 "'불가능성 정리라는 말이 너무 비관적으로 들린다'는 지도교수 찰링 코프만스(Tjalling Koopmans)의 조언에 따

케네스 애로(1921-)

른 것"이라고 말했다. 이 정리가 희망적인 메시지를 담은 정리라고 여겼기 때문이 아니라는 것이다.

애로의 공헌은 이 정리만이 아니다. 그는 『사회적 선택과 개인적 평가』에서 이런 정리의 정식화를 가능케 하는 분석 틀까지 구축했다. 불가능성 정리는 애로가 그 틀의 유효성을 스스로 논증한 것이기도 하다. 애로의 이 박사학위 논문은 20세기 후반의 사회과학을 휩쓸었다.

그 결과, 콩도르세 이후 거의 맥이 끊겼던 의사결정 방식 연구가 일약 주목을 받아 급성장했고, 사회적 선택 이론이라는 하나의 학문 영역이 형성되기에 이르렀다.

"이항독립성과 만장일치성을 충족시키는 의사결정 방식은 독재제뿐"이라니, 무척이나 단정적인 선언문이다. 정치적 평등과 상극에 있는 독재제가 이항독립성과 만장일치성에서 논리적으로 도출된 것이다. 이처럼 비극과 같이 놀라운 결론은, 이 정리의 심미성을 높이고 있다.

그렇다고 해서 이 정리에 홀리면 안 된다. 이 정리에 비극이 있다고 한다면 그것은, 심미의 시선을 통해 정리에서 과도한 의미를 찾는 것이기 때문이다. 케네스 애로는 20세기를 대표하는 경제학자로, 51세 때 노벨 경제학상을 받았다. 그의 공헌 분야는 무척 다양해서 『사회적 선택과 개인적 평가』라는 논문이 없었어도 애로는 노벨상을 받았을 것이다. 가히 신화적인 존재다. 그러나 이 불가능성 정리를 그러한 신화와 혼동하면 안 된다.

애로는 불가능성 정리를 통해 이항독립성을 요구하면 매우 안타까운 일이 벌어진다는 사실을 알렸다. 이항독립성을 충족시키지 않아도 된다고 생각하면, 불가능성 정리의 '불가능'을 더 이상 신경 쓰지 않아도 된다. 더 제대로 된 조건을 충족시키는 의사결정 방식을 연구하면 그만이다.

애로의 불가능성 정리에서 만장일치성이 담당하는 역할은 극도로 작다. 이를 밝힌 사람이 무라카미 야스스케(村上泰亮)다. 문명과 경제체제에 박식한 쇼와(昭和) 후기 일본의 논객이자 도쿄 대학의 교수다. 그는 1968년에 『논리와 사회적 선택』(*Logic and Social Choice*)이라는 저작을 내고, 거기서 애로의 불가능성 정리를 다음과 같이 일반화했다.

무라카미 야스스케의 불가능성 정리: "이항독립성을 충족시키는 의사결정 방식은 독재제나 역독재제뿐이다."

역(逆)독재제란 무척 이상한 의사결정 방식으로, 특정 인물(역독재자)이 존재해서, 다른 사람이 어떤 식으로 순위를 매기든 역독재자가 매긴 순위의 '정반대'로 집단의 순위가 정해지는 것이다.

가령 역독재자가 XYZ라고 순위를 매기면, 다른 사람의 순위 선정과는 일절 무관하게 결과는 ZYX가 된다. 반대로 역독재자를 포함한 모든 사람이 XYZ라고 순위를 매겨도, 결과는 역독재자의 정반대인 ZYX가 된다. 따라서 만장일치성은 충족되지 못한다.

애로와 무라카미의 불가능성 정리를 비교하자면, 애로에게는 만장일치성이 있고 무라카미에게는 역독재제가 있다. 즉 무라카미는 애로의 불가능성 정리에서 만장일치성이 역독재제를 제외하는 역할을 맡았을 뿐임을 밝힌 것이다. 따라서 만장일치성의 역할은 무척 경미하다고 할 수 있다.

안타깝게도 애로의 불가능성 정리를 두고, 이항독립성의 내용은 음미하지 않은 채 '소수의 자연적 성질만으로 민주제의 불가능성을 드러냈다'고 설명하는 일이 많다. 수학적 정식화에 익숙하지 않은 사람이 불가능성 정리를 제대로 알지도 못하고 숭앙해, 이런 이들에게 아는 척하고 싶어 하는 사람들이 무차별적으로 인용했고, 그렇게 '신화'의 재단에 놓인 불가능성 정리에 많은 사람들이 놀아난 것이다.

애로가 불가능성 정리와 그 분석 틀을 발표해 사회과학의 새로운 지평을 열어젖힌 점은 의심의 여지가 없다. 그러나 그 위대함은 불가능성 정리 자체의 함의와 구별해야 한다. 불가능성 정리가 알려주는 것은 이항독립성의 불가능이며, 그 이항독립성이란 애초에 과도할 정도로 경직된 조건이다.

기바드–새터스웨이트의 불가능성 정리

애로의 불가능성 정리와 그 분석 틀에서 생성된 별도의 불가능성 정리를 하나 소개해보자.

단봉성이 성립할 때는 중위 투표법이 내전략성을 충족시켰다. 즉 중위선택지를 고르는 의사결정 방식일 때는 '정직이 최선의 방책'이다. 자신의 생각을 부정직하게 표명해서 얻는 이득이 없다.

그렇다면 단봉성이 성립하지 않을 때도, 이와 유사한 의사결정 방식이 존재할까? 결론을 말하자면 제대로 된 의사결정 방식 중에 그런 것은 없다. 보다 엄밀하게 말하자면, 만장일치성과 내전략성을 충족시키는 의사결정 방식은 독재제밖에 없는 것이다. 이를 **기바드–새터스웨이트의 불가능성 정리**라고 한다. 1970년대에 철학자 앨런 기바드(Allan Gibbard)와 경제학자 마크 새터스웨이트(Mark Satterthwaite)가 각각 증명했다.

기바드–새터스웨이트의 불가능성 정리는 애로의 불가능성 정리를 원용해서 나타낼 수 있다. 또 이 두 가지 불가능성 정리를 같은 방법으로 병행해서 나타낼 수도 있다. 두 정리의 사회과학적인 함의는 달라도, 수학적인 구조는 비슷하기 때문이다.

독재제가 내전략성을 충족시키는 이유는 뭘까? 앞서 말한 것처럼 독재제란 사전에 정해진 특정 개인(독재자)의 의견을 항상 채택하는 것이다. 즉 독재자가 X를 가장 좋다고 여기면 X가 채택되고, Y가 좋다고 여기면 Y가 채택된다. 다른 사람들은 결과에 전혀 영향을 미치지 못한다.

독재자는 부정직해져도 얻는 게 없다. 무슨 생각을 말하든 그대로 채용되기 때문이다. 다른 사람들 또한 부정직해져봤자 결과에 아무런 영향을 끼치지 못하기 때문에 그럴 필요가 없다. 즉 어느 쪽이든 부정직해서 득 볼 게 없다.

단봉성이 성립하지 않을 때는 이런 의사결정 방식만이 내전략성을 충족시킨다. 단봉성이 성립하는 상황에서 중위 투표법처럼 뛰어난 의사결정 방식이 내전략성을 충족시킨다는 것은 참으로 다행스러운 일이라고 하겠다.

3. 경제 이론으로 본 민주주의

양대 정당의 정책 경쟁

단봉성이 성립할 때 중위선택지가 맞대결 승자가 된다는 걸 처음 발견한 사람은 스코틀랜드의 경제학자 던컨 블랙이다. 그는 1948년에 단봉성에 관한 논문을 계속해서 발표했는데, 이 연구들은 정치적 선택 행위를 수리 모델에 기반을 두고 분석하는 '실증 정치 이론'(positive political theory)이라는 새로운 학문 영역을 낳는 계기가 되었다.

여기서는 정당의 정책 경쟁을 처음으로 분석한 학자이자 미국의 실증 정치 이론가인 앤서니 다운스(Anthony Downs)가 1957년에 『경제 이론으로 본 민주주의』(*An Economic Theory of Democracy*)에서 전개한 양대 정당제에 대한 고찰 하나를 소개하겠다.

특정 주제를 쟁점으로 양대 정당(민주당과 공화당)이 각각 후보자

선택지	a (온건)	b (약한 온건)	c (어느 쪽도 아님)	d (약간 강경)	e (강경)
지지율 (퍼센트)	45	13	17	13	12

〈도표 4-5〉

를 내세워 하나의 의석을 두고 선거를 치르는 상황을 상상해보자. 유권자는 정책에 대해 단봉적으로 순위를 매기며, 정당이 정책을 내놓으면 자신의 신념에 가까운 정당 후보에게 표를 준다.

이런 전제 아래에서, 선거에서 이기고 싶은 정당은 대체 어떤 정책을 제시해야 좋을까? 가령 외교 자세가 쟁점이라고 할 때 취할 수 있는 정책을

a = 온건

b = 약간 온건

c = 어느 쪽도 아님

d = 약간 강경

e = 강경

하는 식으로 비슷한 순으로 늘어놓아보자. 유권자들의 봉우리 분포는 'a가 45퍼센트, b가 13퍼센트, c가 17퍼센트, d가 13퍼센트, e가 12퍼센트'라고 하자(도표 4-5).

가령 민주당이 b정책을 채택하고, 공화당이 c정책을 채택했다고

가정해보자. a의 지지자는 b와 c 중에서 a와 가까운 b에 표를 준다. 그러므로 민주당은 a와 b 지지자의 표를 더해 도합 58퍼센트의 표를 얻는다. 한편 공화당은 c, d, e의 지지자에게 도합 42퍼센트의 표를 얻지만, 선거에서는 민주당에게 진다.

b는 그 어떤 정책과 대결해도 승리한다. 예를 들어 상대가 a정책을 들고 나와도, a가 b와 대결해서 얻을 수 있는 표는 45퍼센트로, b는 나머지 55퍼센트의 표를 모두 얻어서 승리한다(c와 d와 e의 지지자에게도 b가 a보다 낫다). 이런 역학에서 양대 정당의 정책은 모두 b로 수렴한다. 양당이 b를 정책으로 선택함으로써 결과적으로 b정책이 실현된다.

b는 중위선택지, 즉 맞대결 승자다. 양대 정당체제에서 다수결은 정책 경쟁을 통해 결과를 맞대결 승자에게로 유도하는 기능이 있는 것이다.

현실의 정당이 선거 승리만을 생각한다고 단정 지을 수는 없으므로(신념이나 이데올로기 같은 요인도 있다), 항상 중위선택지를 선택한다는 보장은 없다. 다만 이 논의는 양대 정당제에서 다수결이 양 정당의 정책을 중위선택지로 향하게 하는 강력한 힘으로 작용함을 알려준다.

무엇이 중위선택지가 되느냐에는 소수 의견이 어느 정도 영향을 준다. 가령 지금의 예에서는 유권자의 12퍼센트만 지지하는 e가 소수 의견이다. 이 12퍼센트가 없다면 나머지 88퍼센트에서 중위선택지는 a가 된다. 즉 e를 지지하는 소수파의 존재가 중위선택지를 a에서 b로 바꾸기 때문에, 결국 b정책이 실현되는 것이다.

중위선택지는 맞대결 승자다. 그렇다고 해서 맞대결 승자를 선택하므로 양대 정당제 아래의 다수결은 유효하다고 안이한 결론을 내리면 안 된다. 양대 정당제에서도 '제3의 후보자'가 나타날 수 있으며, 2000년 미국 대통령 선거처럼 제3자의 출현이 판을 뒤집어 놓는 일도 있기 때문이다. 맞대결 승자를 선택하고 싶다면, 애초에 정당을 통한 간접선거를 하지 않고, 중위 투표법을 이용하여 정책에 대한 직접선거를 치루는 게 훨씬 확실하다. 앞의 논의가 명확히 밝힌 것은 양대 정당의 정책 경쟁에 다수결이 미치는 힘의 성질이다.

숙의와 단봉성

콩도르세는 의회에서의 숙의를 통해 논점이 명확해지고 의견의 차이가 원칙의 차이로 환원되는 것을 중시했다(그는 숙의라는 단어를 쓰지는 않았지만, 숙의라고 부를 만한 성질에 대해 간단히 언급한다). 이를 **콩도르세식의 숙의 효과**라고 부르도록 하자.

한편 1990년대 무렵부터 숙의는, 시민들 간의 숙의 결과를 통해 대표민주제 아래 정치 엘리트의 결정에 영향을 미치는 직접적인 정치적 통로로서 주목을 받았다.

콩도르세는 대표민주제의 이점으로 의회에서의 숙의를 언급했을 뿐, 시민의 숙의에 대해서는 언급하지 않았다. 그럼에도 콩도르세식 숙의 효과는 현대의 숙의민주주의론자들에 의한 다음의 연구와 친화성이 높다. 여기서 이야기가 단봉성과 맞물린다.

크리스천 리스트(Christian List), 로버트 러스킨(Robert C. Luskin), 제임스 피시킨(James S. Fishkin), 이언 매클레인(Ian Mclean) 등 4명의 연구자로 이루어진 팀은, 숙의에는 논점을 명확하게 하고, 사람들이 선택지에 단봉적으로 순위를 매기게 만드는 작용이 있음을 미국의 숙의 데이터베이스를 이용해서 알아냈다. 4명 모두 저명한 연구자들로, 특히 피시킨은 현대 숙의민주주의 연구의 리더적 존재다.

이 성과는 2013년 『정치 저널』(*Journal of Politics*)에 「숙의, 단봉성, 유의미한 민주제의 가능성: 숙의 조사를 통한 입증」(Deliberation, Single-peakedness, and the Possibility of Meaningful Democracy: Evidence from Deliberative Polls)이라는 이름의 논문으로 발표됐다. 그들이 발견한 사실을 대략적으로 정리하면 다음과 같다.

예를 들어 석탄, 천연가스, 풍력 중 발전의 원료를 무엇으로 할지 숙의한다고 해보자. 석탄, 천연가스, 풍력 이 세 가지 선택지는 최초 시점에서 특별한 의미를 갖지 않는다.

그러나 사람들은 대화나 정보 교환을 통해서 그 의미를 알게 된다. 가령 석탄은 가격은 싸지만 환경에 좋지 않고, 천연가스는 가격이 조금 비싸지만 환경에는 비교적 친화적이며, 풍력은 가격은 비싸지만 환경에 좋다는 사실을 알게 되는 것이다. 결국 사람들은 '가격과 환경이 서로 상반되는' 관계라는 것을 알게 된다. 선택지에 그러한 의미가 씌워지면, 이제 선택지는 가격이 싸거나 환경에 나쁜 순으로 순서대로 나열될 수 있다. 사람들은 이들에 각각 단봉적으로 순위를 매기게 된다.

석탄을 지지하는 사람은 가격을 중시하는 원칙을 따르고, 풍력을 지지하는 사람은 환경을 중시하는 원칙을 따르며, 천연가스를 지지하는 사람은 이를 절충해 선택할 것이다. 사람들이 단봉적으로 순위를 매긴다는 것은, 그들의 판단에 아직 합의가 이루어지지 않았다는 뜻이다. 석탄과 풍력은 각각 판단의 대극에 있다. 그럼에도 그들은 모두 '가격과 환경의 상반되는 관계에서 어느 쪽을 우선할지가 논점'이라는 의식을 공유하고 있다.

즉 그들 사이에는 선택지를 평가하는 초점 차원에서의 합의가 있는 것이다. 크리스천 리스트는 이 초점을 **메타 합의**라고 부른다. 전원이 아니더라도 다수 안에서 메타 합의가 이루어질 때, 이 메타 합의의 차원 아래서 중위선택지는 맞대결 승자가 된다.

메타 합의가 성립된 차원은 초점의 차원이며, 선택지의 내용 전부를 포섭하는 것은 아니다. 가령 천연가스를 수입할 때, 파이프라인을 통한 공급을 한 나라(러시아 등)에 의존하면 에너지 외교에서 불리해진다는 지정학적 차원은 여기서는 무시 혹은 경시되고 있다.

4. 최적의 개헌 기준은 몇 퍼센트인가?

64퍼센트 다수결 원칙과 개헌

메타 합의가 하나로 합의되지 않거나, 혹은 합의될 수 없는 법안의 심사에서 주의해야 할 점은 무엇일까? 여기서는 이 물음을 단서로 삼아, 헌법 개정에 몇 퍼센트의 찬성이 필요한지 생각해보겠다. 중점이 되는 것은 '순환'이다.

법은 피라미드식으로 구성되어 있어 헌법, 법률, 명령, 조례처럼 우선순위가 있다. 피라미드의 위로 갈수록 내용은 추상적이고 일반적이 되며, 아래로 갈수록 구체적이고 특수해진다.

그 때문에 상위의 법일수록 다수의 차원과 관계한다. 따라서 상위의 법을 책정할 때는 단봉성에 따른 중위선택지를 고를 수 없다. 단봉성 아래의 중위투표자 정리란 어디까지나 쟁점이 1차원일 때만 성립하는 결과이기 때문이다. 2차원 이상에서는 봉우리의 한가운데가 사라져, 중위선택지에 해당하는 것이 존재하지 않게 된다.

이때는 순환이 발생해서, 상위의 법 개정 때 다음과 같은 문제를 일으킨다. 현행법을 Y라고 하자. 여기서 개정안으로 X가 제출되었다. 과반수의 유권자는 X를 Y보다 지지하고 있어 다수결에서는 X가 Y를 이긴다. 그러나 이를 가지고 X가 Y보다 적절한 법이라고 판단내리기는 어렵다. 왜냐하면 다른 개정안 Z가 잠재적으로 존재해서, 특정 과반수가 Z를 X보다 지지하고, 다른 특정 과반수가 Y를 Z보다 지지하는 일이 발생할 수 있기 때문이다.

이렇게 되면 XYZX라는 순환이 생기므로, 맞대결 다수결은 이 셋의 우열을 가릴 수 없다. 겉보기에 법 개정은 '예스와 노' 사이의 선택이지만, 제출된 개정안은 가능한 선택지의 하나일 뿐, 선택 가능한 다른 선택지와의 비교 관계에 늘 놓여 있다.

따라서 과반수가 법의 변경을 인정한다고 해도, 이것이 정당한 것인지 그렇지 않은 것인지는 확실하지 않다. 이상적으로 만장일치 가결이 되면 좋지만, 만장일치의 요구는 너무 과하기 때문에 문제가 생길 때도 많다. 각자의 거부권이 강해서 오히려 반대가 힘들고, 만장일치에 따른 폭력적 억압이 반대자를 향하거나, 기준이 너무 높아서 과정을 무시하는 사람이 나오거나 하는 것이다.

만장일치와 과반수 사이에는 무수한 분류법이 있다. 루소의 원칙 중에는 "중요한 문제일수록 만장일치에 가까워야 한다"는 게 있는데, 그렇다면 구체적으로 몇 퍼센트일 때 가결시키는 게 좋을까?

여기서 기준이 되는 게 순환의 제외다.

여기서는 유권자의 t퍼센트(단, t는 50보다 큰 값)가 지지해줄 때만 법을 변경할 수 있다고 하자. 일반적 다수결보다 가결이 어려운 t퍼센트의 다수결이다. 이때 XYZX 같은 순환이 발생하지 않으려면 t값이 어느 정도로 높아야 할까. 극단적으로 t값이 100, 즉 만장일치일 때만 법의 변경이 가능하면 순환은 발생하지 않는다. 다만 이 경우는 극단적으로 기준이 높다. 조금 기준을 낮춰보면 어떨까?

대체 어디까지 낮춰야 XYZX라는 순환이 발생하지 않을까? 그 하한은 100과 50 사이의 어디일 것이다.

이 문제는 던컨 블랙의 1차원 단봉성 모델을 다차원으로 확장한 모델로, 수리적으로 취급할 수 있다. 프린스턴 대학의 경제학자 앤드루 캐플린(Andrew Caplin)과 배리 네일버프(Barry Nalebuff)는 볼록다양체를 다루는 기술을 써서 이 문제를 해결했다. 그들은 이 결과를 「64퍼센트 다수결 원칙」(On 64%-Majority Rule)이라는 논문으로 정리해서, 1988년 『이코노메트리카』(*Econometrica*)에 발표했다.

여기서는 결론만을 말해보자. 캐플린과 네일버프는 선택지가 관여하는 의미의 수(선택지가 점으로 속하는 차원의 수)가 m일 때, m을 변수로 계산해서 순환의 비(非)발생에 필요한 비율의 값을 구했다. m의 증가에 따라 그 값이 증가하는데, 최종적으로 약 63.2퍼센트라는 값이 도출되었다.

이 결론은 법 개정의 가결에 필요한 비율이 63.2퍼센트를 넘을 때, 순환은 결코 발생하지 않는다는 것을 의미한다. 캐플린과 네일버프는 63.2를 넘는 최소 정수인 64를 채용해서, 이 결과를 **64퍼센트 다수결 원칙**이라고 불렀다.

즉 Y에서 X로 법을 개정할 때 64퍼센트의 지지가 있으면, 어떤 Z도 XYZX 같은 순환을 발생시키지 않는다. 이로써 Y에서 X로 법을 개정하는 일은 다수 의견의 반영이라는 정당성을 획득한다.

현행 개헌 조항은 허술하다

일본의 헌법 제96조에서는, 헌법 조문을 바꿀 때 중위원 3분의 2 이상의 찬성, 참의원 3분의 2 이상의 찬성, 그사이에 국민투표로 과반수의 찬성을 얻어야 한다고 정하고 있다. 3분의 2는 64퍼센트에 매우 근사한 값이라, 우리는 다음과 같이 말하고 싶어진다. '헌법 제96조는 64퍼센트 다수결 원칙의 논의와 정합적이다. 헌법 초안자가 어디까지 생각하고 있었는지를 떠나서 참 잘 만든 법'이라고 말이다. 그러나 잘 생각해보면 이는 잘못된 생각이다. 64퍼센트 다수결 원칙의 관점에서 제96조는 너무 허술하기 때문이다.

'중의원과 참의원에서 3분의 2 이상의 찬성'을 얻는 것은 보기보다 쉬운 일이다. 특히 오늘날 일본은 중의원 선거에서 소선거구의 비율이 높아서(나머지는 비례대표), 득표율이 높지 않아도 '압도적 승리'를 거둘 가능성이 많다. 3분의 2 의석을 얻는 데, 3분의 2의 유권자는 필요 없다. 선거구가 300곳이라고 할 때, 그중 200곳에서 최다 지지를 확보하면 충분하다. 예를 들어 2014년 12월 중의원 선거에서 자유민주당은 전국 투표자 중 약 48퍼센트의 지지로 약 76퍼센트의 의석을 획득했다.

참의원 선거는 소선거구제는 아니지만, 대도시를 빼면 1인 선출 선거구나 2인 선출 선거구의 비율이 높아 선거제도의 변경을 반복할 때마다 소선거구제로 기운다. 2013년 9월 참의원 선거에서 자유민주당은 선거구에서 약 43퍼센트를 득표하고 비례구에서 약 35퍼센트를 득표해서, 총 54퍼센트의 의석을 획득했다.

개헌을 강하게 요구하는 사람 중에는 "중의원과 참의원 어느 쪽이든 의원의 3분의 1이 반대하면 법 개정을 할 수 없는 현행 규정이 너무 엄격하다"고 말하는 이가 있는데, 가만히 생각해보면 그렇지 않다는 것을 알 수 있다. 현행 제96조 아래서는, 유권자의 과반수만 원하면 개헌이 가능하기 때문이다. 선거를 통해 3분의 2 이상의 의원을 중, 참 양원(兩院)에 투입하고, 양원이 개헌을 위한 국민투표를 인정하고 개헌 찬성에 표를 던지면 된다.

헌법은 법률을 위에서 쥐고 흔드는 게 보통이지만, 공직선거법은 소선거구제를 통해 아래에서 제96조를 실질적으로 변화시키고 있다. 그래서 현행 제96조의 기준은 실질적으로는 3분의 2가 아닌 과반수이며, 과반수는 다수결의 최저 가결선이다. 64퍼센트 다수결 원칙의 논의가 주는 메시지는, 제96조에서 국민투표의 가결 라인을

64퍼센트까지 높여야 한다는 것이다.

결론을 정리해보자. 제96조를 옹호하는 이들은 "사람은 잘못된 판단을 할 수 있으므로 현행 3분의 2 조건을 존중하자"고 말한다. 개헌의 어려움은 다수파가 폭주해 소수파의 권리를 침해하는 것을 막는 방지책으로도 중시된다.

이런 생각들은 타당하다. 다만 잘못된 판단을 내리거나 폭주를 하지 않아도, 다수결에는 순환이라는 구조적 난점이 있으며, 이를 해소하려면 3분의 2에 근사한 값인 64퍼센트의 지지가 필요하다. 소선거구제 아래서는 과반도 안 되는 유권자가 중, 참 양원에 3분의 2 이상의 의원을 보낼 수 있다. 결론적으로, 헌법 제96조는 보기보다 훨씬 취약하므로 개헌이 더 어렵도록 개헌해야 한다. 국민투표에 의한 개헌 가결선을 현행인 과반수가 아니라, 64퍼센트까지 높여야 한다.

V

우리의 일을
우리 스스로 결정한다는 것

1. 정부가 국민을 배신하는 이유

입법권으로서의 주권

평화와 안전은 인간 생존에 본질적인 것이다. 그러나 다른 신념과 가치관을 가진 사람이 서로 관용하지 않는다면 질서를 얻기는 어렵다. 만일 질서가 생겨도 그 유지에 매일매일 세심한 주의를 기울여야 한다. 전쟁이나 내전, 테러 등은 그 실패의 결과로 일어나는 무질서(아나키)다. 그렇다면 신념과 가치관 사이에 대립이 있어도, 그것의 폭력적 발현을 막아 평화와 안전을 확보하는 일은 어떻게 가능할까?

1572년, 가톨릭이 프로테스탄트를 대량으로 살육한 '성 바르톨로메오 축일의 학살'을 계기로, 프랑스의 정치사상가 장 보댕(Jean Bodin)은 이런 생각에 골똘했다. 이 결과 그는 주권을 신념이나 가치관보다 상위에 두어 국가 질서를 생성하는 근대 주권론의 기틀을 세웠다. 루소의 『사회계약론』은 그 약 200년 뒤의 작품인데, 보댕에서 이미 그 싹이 움트고 있었다. 주권의 제어 아래서 평화와 안전(루소는 여기에 자유의 여러 개념이 더해지지만)을 확보하려고 한 점이 그렇다.

보댕은 『국가론』 서두에서 "주권은 본질적인 것임에도, 지금까지 법률가나 정치철학자가 여기에 정의를 내린 적이 없다"고 말한다. 이는 분명 현대인에게도 마찬가지로, 주권이라는 단어는 알고 있어도 이를 설명하는 일은 어려울 것이다.

그렇다면 주권이란 과연 무엇인가? 보댕에 따르면 주권이란 결국 입법권이다. 국가가 가지는 여러 권능, 가령 정부 고관의 임명, 선전포고, 최종심 등은 모두 법을 만들고 폐지할 수 있는 권력에서 오기 때문이다. 3장에서 보았듯, 루소는 '입법권으로서의 주권'이라는 생각을 계승하고 있다.

보댕은 국가의 특징을 하나의 나뉠 수 없는 주권을 가지는 것이라고 하며, 이 유무에 따라 정체(政體)를 분류했다. 가령 주권이 특정 군주에게 있으면 군주제, 귀족에게 있으면 귀족제, 민중에게 있으면 민주제다. 보댕은 그중에서 군주제가 가장 바람직하다고 생각했다.

반면 보댕의 주권에 대한 생각을 사상의 계보 속에서 계승한 루소는, 국가를 정통성 있게 만드는 것은 사회계약뿐이라고 하며, 주권은 계약 당사자인 인민에게 있다고 귀결 지었다. 이것이 3장에서 논의한 인민주권이다.

'고용된 존재'로서의 정부

법 집행이란 무엇일까? 일단 법은 특수한 개개인을 위해 만들어지지 않는다. 늘 일반을 대상으로 만들어진다. 가령 손해와 관련된 형법은 개개의 특수한 상해사건이 아니라, 상해로 묶이는 일반적 사건을 대상으로 만들어진다. 그렇기 때문에 법문에는 이에 상응하는 추상성이 필요하다.

여기에는 두 가지 이유가 있다. 일단 개개인을 위해서 법을 사전에 준비할 수 없다. 두 번째로는 특수한 개인을 대상으로 하면 시민 간 이해의 차가 발생하기 쉽고, 또 당사자성이 희박한 사람은 적절한 판단을 하기 어렵기 때문에, 일반의지에 따른 법 심의를 내릴 수 없다.

법은 일반을 대상으로 하며, 이는 개개의 특수한 대상에 적용된다. 이때 주권은 양도할 수 없으므로, 루소는 대표(전형적으로 국회의원)에 의한 입법을 부정한 것이다. 그러나 그도 법 집행은 대표로 구성된 집행 전문 기관이 해야 한다고 생각했다. 그 기관이 바로 정부다. 그의 구상에서 정부란 법 집행을 위해 '고용된 존재'에 불과했다.

루소의 인민주권론에서 권력관계는 수직적이다. 주권을 가진 인민이 일반의지를 행사해 입법을 행하고, 정부는 개개의 특수 대상에 법을 적용한다. 요컨대 인민이 한 명의 주체라면, 일반의지는 두뇌, 입법은 두뇌에 의한 명령이고, 정부는 손발로서 명령에 따라 움직인다고 보면 된다.

그렇다면 명령은 손발을 어디까지 제어할 수 있을까? 혹은 어떻게 하면 더 쉽게 제어할 수 있을까? 이야기가 꽤 추상적이니, 필자의 경험을 통해 구체적인 예를 들어보자.

민주적 절차라는 착시

선로 위에 걸쳐 있는 다리를 구름다리라고 한다. 몇 년 전 필자가 집에서 역으로 가기 위해 구름다리를 걸을 때 보니, 다리 폭 확장 공사를 하고 있었다. 사실 다리 폭은 그렇게 넓지 않았다. 하지만 그렇다고 뭔가 문제가 있는 것도 아니었기 때문에 공사의 필요성을 잘 느끼지 못했다.

그런데 공사가 끝나고 나니 통근 시 정체가 줄어들었다. 필자를 포함한 마을 주민이 어느 정도 공사 덕을 본 것이다. 그저 기존의 구름다리를 확장했을 뿐, 생활 기반을 정비하거나 마을을 활성화하는 수준은 아니었다.

훗날 그 공사비로 5억 엔이 넘게 소요됐다는 것을 알고 깜짝 놀랐다. 과연 그 공사에 5억 엔이나 써야 했던 것일까? 공공사업은 사전에 일정이 정해져 있고, 주민이 결정에 관여할 기회는 거의 없다. 공사 예산 관련 정보는 조용히 공개될 뿐, 대대적인 공표는 이루어지지 않는다. 어째서 그만큼의 예산을 써야 하는지에 대한 설명도 없다.

그럼에도 구름다리 공사 반대 운동은 없었다. 퇴거자가 생기는 것도 아니고, 자연 환경이 파괴되지도 않으며, 이를 위해 비용을 징수하는 일도 없이 생활이 편리해지기 때문이다. 이런 공사는 곳곳에서 하고 있다. 무척 익숙한 광경이다.

그렇다면 공사를 시행하는 권력은 민주적 절차를 거쳐 이 권력을 행사하는 것일까? 이때는 민주제의 실질과 형식을 구별해야 한다. 그렇지 않으며 실질적으로 민주적이지 않음에도 형식을 충족한다는 이유만으로 민주적으로 보이는 착시가 발생한다.

일본 헌법에서는 주권이 국민에게 있다며 다음과 같이 말한다.

"일본 국민은 정당하게 당선된 국회의 대표자를 통해서 행동하고, 우리와 우리의 자손을 위해 여러 국민의 화합에 따른 성과와 전 국토에 걸친 자유가 주는 혜택을 확보해, 정부에 의해 전쟁의 참화가 다시 일어나는 일이 없도록 결의하고, 여기서 주권이 국민에게 있다는 것을 선언하며 이 헌법을 확정한다. 애초에 국정은 국민의 엄숙한 신탁에 따른 것으로 그 권위는 국민에서 유래하며, 이 권력은 국민의 대표자가 행사하고 그 복리는 국민이 향수한다."

그러나 입법권으로서의 주권은 국민의 손에 있지 않다. 헌법 제41조는 "국회는 국권(國權)의 최고기관으로, 국가의 유일한 입법기관"이라 규정해, 국회가 입법권을 독점하고 있다. 국민이 직접 입법을 할 수 있는 길은 없다. 말하자면 국민은 신탁한 대표들에게 입법권을 양도하고 있는 것이다.

그렇다면 입법권은 법 집행에 어디까지 관여할 수 있을까?

예를 들어, 도쿄 도 건설국이 나라에서 보조금을 받아 도내에 도로를 건설하는 계획을 세웠다고 하자. 이를 시행하기 위해서는 (제1호 법정수탁사무로서) 사업 인가 신청을 해야 한다. 사업 인가 신청이란, 시행자인 도쿄 도가 인가자인 국토교통대신에게 사업을 허가받기 위한 신청이다. 사업 인가가 떨어졌다는 말은 국토교통대신이 이 사업의 실시를 행정처분했다는 말이다. 즉 사업 인가 신청이란 행정처분이라는 '명령'을 받기 위해 아래에서 위로 요청을 하는 행위다. 이 과정은 도시계획법 제59조에 따른 것으로, 행정처분이 이루어지면 도쿄 도는 사업 실시를 위한 강제 퇴거나 삼림 벌채를 포함해 강력한 권한을 손에 넣는다.

도시계획법 제59조는 국회에서 통과된 것이다(1968년 6월 15일 공표). 국토교통대신은 내각의 일원이며, 내각의 역할에는 '법률을 성실히 집행하고 국무를 총 관리하는 것'(헌법 제73조 1호)이 있다. 국토교통대신은 행정처분을 통해, 국회에서 통과된 법을 집행한다.

형식적으로 보면 '주권자인 국민이 선출한 국회의원이 법을 정하고, 내각의 일원이 이를 행정처분해서 집행'하는 절차다. 그러나 이 형식이 확보되었다고 해서, 여기서 민주주의가 실질적으로 충족되고 있다고 볼 수 있을까? 물론 그렇지 않다.

국토교통대신은 사업 인하 신청을 하나하나 자세히 심사하지 않으며, 신청을 거부하는 일도 없다. 신청하는 쪽의 결정력이 매우 큰 것이다. 게다가 사업의 직접적 이해당사자가 결정에 관여할 길도 차단되어 있다. 퇴거를 명령받은 자, 삼림의 보호를 희망하는 자, 도로의 이용자 모두에게 그렇다.

현실적으로 주권자는 입법, 행정 양쪽에 거의 관여할 수 없다. 단지 형식이 확보된 것을 민주주의가 작동하는 것이라 착각할 때에만, 현행 제도는 '민주적'으로 보인다. 이에 대해서 사람들이 목소리를 높이면, 이미 제도가 충분히 민주적이라 믿고 있는 사람은 이런 목소리를 불필요한 소음으로 들을 것이다.

이런 문제가 전형적으로 드러난 것이 앞으로 다룰 '328번 도로 문제'다.

2. 고다이라 시 328번 도로 문제

반세기 동안 잠들어 있던 계획

고다이라 도시계획도로 3·2·8호선 건설 문제(이하, 328번 도로 문제)란, 도쿄 도 고다이라 시에 약 250억 엔을 들여 만들 예정인, 어느 지방도로의 건설 찬반을 둘러싼 문제다. 우선 문제의 개요를 설명하겠다.

1963년에 도쿄 도는 328번 도로를 고다이라 계획도로로 도시 계획에 포함시켰다. 이 노선은 고쿠분지 시 히가시토쿠라 2번지에서 고다이라 시 오가와마치 1번지를 잇는 약 1.4킬로미터의 간선도로다. 주목적은 교통 정체의 해소인데, 이후 계획은 실질적으로 진행된 게 없었다.

그 뒤 2012년에 도쿄 도가 국토교통성에 사업 인가 신청을 하려 하자, 반대 단체가 결속해서 '고다이라 도시계획도로에 주민의 의사를 반영시키는 모임'(이후, '반영시키는 모임'으로 표기)을 발족시켰다.

'반영시키는 모임'이 공사를 재고해야 한다고 생각하는 이유는 몇 가지 있다. 우선 328번 도로의 예정지 옆에 이미 후추카이도(府中街道)라는 지방도로가 있어서 실질적으로 간선도로의 역할을 담당한다. 더구나 인구와 차량이 감소하고 있는 지금, '앞으로 교통량이 상당히 증가할 것'이라는 도쿄 도의 예측은 신빙성에 의문이 든다. 그리고 예정지에는 동식물이 다수 서식하는 잡목림이 있으며, 사람들도 모여 살고 있기 때문에 약 220세대, 총 800명의 퇴거가 요구된다. 이런 상황에서 반세기 전에 계획된 공사를 250억 엔을 들여 꼭 해야만 할까?

일반 사람들이 행정기관의 사업에 '뭔가 이상하다'고 느껴도, 그 의사를 효과적으로 표명하기는 무척 힘들다. 행정기관이 '설명회'를 열 때 이미 사업 계획은 확정되어 있으며, 반대 의견을 말해봤자 이 의견이 고려되지도 않는다. 데모나 행진은 의사 표명의 한 방법이지만, 행정 절차를 통한 제도적 접촉이 아니라 무시당하기 일쑤다. 그나마 존재하는 절차는 주민 투표다.

그 때문에 '반영시키는 모임'은 328번 도로 문제를 고다이라 시 주민 투표에 부쳐서 '주민 참가에 의해 계획안을 수정'해야 하는지 '계획안 수정은 필요 없는 것'인지 묻는 것을 목표로 활동했다.

주민 투표 결과에 법적 구속력은 없다. 그럼에도 투표 실현까지

328번 도로 예정지에 있는 잡목림

넘어야 할 절차는 무척 많다. 우선 '반영시키는 모임'이 투표를 청구한 날부터 1개월 안에, 전 유권자의 5퍼센트가 넘는 사람의 서명을 모아야 한다. 서명이 모이면 시장의 의견을 더해 의회에서 주민 투표 실시를 심의하고 채결한다. 하지만 아무리 서명이 많이 모여도, 의회에서 부결되면 주민 투표는 실시할 수 없다. 일본에는 주민 투표 실시에 대한 법률이 마련되어 있지 않아서, 투표를 하려면 의회에서 개별적으로 조례를 제정해야 한다(따라서 의회에서 부결시킬 수도 있다).

결과적으로 '반영시키는 모임'은 서명을 충분히 모았고, 주민 투표 실시 심의도 의회에서 가결되었다. 그럼에도 아직 어려운 단계가 남아 있었다.

고다이라 시의 고바야시 마사노리 시장이 "투표율이 50퍼센트에 미달할 경우 개표하지 않는다"는 조건을 요구해서, 의회에서 이 조건을 포함한 수정안이 가결되었기 때문이다. 고바야시 시장의 주장은, 투표율 50퍼센트가 되지 않는 주민 투표 결과는 고다이라 시민의 의사라고 볼 수 없다는 말이다. 그런데 고바야시 시장이 당선된 고다이라 시장 선거 당시 투표율은 약 37퍼센트였다.

2013년 5월 26일에 실시된 주민 투표의 투표율은 35퍼센트였고, 결국 고다이라 시는 개표를 하지 않았다. '반영시키는 모임'은 개표를 해야 한다며 도쿄지방재판소에 제소했으나, 2014년 9월 5일에 패소 판결이 내려졌다. 투표 결과는 현재까지 아무도 모르는 상태이다.

철학자 고쿠분 고이치로는 '반영시키는 모임'의 멤버로 328번 도로 문제에 관여했으며, 언론에서도 여러 번 이에 대해 언급해왔다. 그는 저서 『다가올 민주주의: 고다이라 시 328번 도로와 근대 정치철학의 문제들』에서 328번 도로 문제를 내세워, 근대 정치철학이 상정하는 주권에 기반한 통치의 난점을 논하고 그 난점을 극복하는 방법을 탐구했다.

고쿠분 고이치로가 지적하는 주권에 기반한 통치의 난점이란, 입법이 집행을 제어할 수 없다는 점이다. 그러나 "주권자인 국민이 국회의원을 선출하고, 국회가 입법을 하고, 행정기관은 이를 집행하는" 형식적 틀이 존재하는 까닭에, 현행 제도는 정통성 있고 '민주적'인 제도라는 억지가 버젓이 통용된다. 행정기관에는 커다란 재량을 바탕으로 독자적 결정을 내릴 수 있는 집행권이 있음에도 말이다.

집행 권력이 막강하다는 것은, 정치와 행정을 어느 정도 아는 사람에게는 상식적인 사실이다. 하지만 이런 이들이 반드시 다수인 것도 아니다. 게다가 작금의 현실과 마땅히 그래야 하는 모습을 혼동하기도 쉽다. '현실이 이러므로, 이것이 민주제'라고 생각하게 되는 것이다.

강력한 집행 권력은 때로 '민주적인 절차'의 일부로서 안이하게 자리매김된다. 그렇게 되면 행정기관은 당사자인 주민의 목소리를 듣지 않게 되고, 그 목소리를 '민주적인 과정'을 저해하는 잡음으로 다루게 된다.

행정기관의 집행에 유권자가 직접 참여하는 방법 중 하나가 주민 투표다. 고쿠분 고이치로가 강조하는 것처럼, 이는 의회 제도를 부정하거나 근본부터 고치기 위한 것이 아니다. 정치 체제를 보강하는 요소로서, 사람들이 행정에 직접 관여할 수 있는 길을 추가하는 것이다. 다만 328번 도로에 대한 주민 투표는 50퍼센트라는 성립 요건을 충족시키지 못했기 때문에 개표조차 못하게 되었다.

'정치에 불만이 있다면 선거에 출마해서 이기라'는 식의 주장도 있다. 이 주장의 근거가 무엇인지는 불분명하나, 아마도 이것이 '게임의 룰'이라고 생각해서 이런 말을 하는 것일 테다. 그러나 굳이 정치가가 되어야만 불만을 말할 수 있는 게임은, 그 게임 비용이 과하게 들므로 이는 사실상 '입 닫고 있으라'는 소리나 다름없다. 사람에게 침묵을 요구하는 제도는 민주적인 것과는 거리가 멀다.

주민 투표의 개표조차 못 하게 하는 것은 주민의 목소리를 강제적으로 막는 행위가 아닐까. 그러므로 이런 행위는 강한 비난에 직면할 수밖에 없다. 게다가 조금만 생각해보면 투표율이 '낮다'고 규정하는 것 자체가 무척 부당한 것임을 알 수 있다.

성립 요건의 부당성

고다이라 시의 주민 투표에서 나온 투표율 35퍼센트를 과연 낮다고 말할 수 있을까? 여기서는 "입법 시, 개개의 특수 대상에 대해서는 사람들 간의 이해관계에서 차이가 나기 쉽고, 또 당사자성이 희박한 사람은 적절한 판단을 내리기 어렵다"는 루소의 지적으로 돌아가서 이 문제를 생각해보자.

우선 328번 도로 문제는 고다이라 시 어디에 사느냐에 따라 이해관계에 차이가 생기기 쉽다. 쫓겨나기 싫은 사람, 자연환경을 중시하는 사람과, 그렇지 않는 사람들 사이에는 이해에 커다란 간격이 있다. 또 328번 도로나 잡목림이 본인 생활과 관계가 없는 사람은 당사자성을 갖기 힘들다. 328번 도로가 지나는 곳은 고다이라 시의 극히 일부로, 길이도 불과 1.4킬로미터밖에 되지 않는다. 따라서 도로가 생겨서 얻을 수 있는 편리함도 사람에 따라 크게 차이가 난다.

즉 328번 도로 문제가 사람들의 충분한 관심을 받지 못했다기보다는, 문제의 성질상 많은 사람들의 생활과 직접적인 관련을 맺지 못한 것이다. 본인 삶과 관련이 높은 시장 선거의 투표율이 37퍼센트였다는 것을 생각해보면, 35퍼센트는 꽤 높은 투표율이다. '관련성은 적지만 관심은 많은' 유권자를 집결시켰다고 볼 수 있다.

유권자의 자격 설정에 따라서 투표율이 크게 변한다는 것에도 주의를 기울여야 한다. 가령 고다이라 시민뿐 아니라, 도쿄 도민(혹은 전 국민)으로 유권자를 설정했다면 투표율은 더 내려갔을 것이다. 저 멀리 있는 어느 시에 1.4킬로미터짜리 도로를 신설하는 일은, 대부분의 사람들과 관련이 없는 문제이기 때문이다. 투표하지 않은 고다이라 시 유권자의 65퍼센트는 이런 층을 포함한다. 반대로 328번 도로 인근 주민만으로 유권자를 설정하거나 그 주변 도로의 이용자만으로 유권자를 설정하면 투표율은 크게 오를 것이다.

고다이라 시민이 아닌 사람은 328번 도로 신설을 강하게 희망하거나 잡목림의 보존을 강하게 원해도 그 의사를 표명할 기회를 얻지 못한다. 잡목림을 특별히 찾지 않더라도 그것의 보존을 원하고 형편에 따라서는 이를 위해 비용을 어느 정도 낼 의지가 있는 사람이 세상에는 적지 않을 것이다. 가치는 사용할 때만 나오는 게 아니라, 존재에서도 유래하기 때문이다.

주민 투표의 유권자가 고다이라 시민(그중 성인)으로 정해진 것은 단순히 행정상의 구분이며, 이렇게 정해진 것은 설정의 잣대가 이뿐이었기 때문이다. 제도상 어쩔 수 없다고는 해도, 문제의 성질을 놓고 보았을 때 자의적 구획이라는 점에는 변함이 없다. 이런 전제를 생각해보면 50퍼센트의 투표율을 개표 요건에 포함시키는 것은 부당을 넘어선 폭거다.

3. 공공재 공급 메커니즘의 설계

스스로 결정하고 있는가?

328번 도로가 없다고 해서 사람들의 생활에 커다란 지장을 초래하지는 않는다. 이미 간선도로의 역할을 하는 후추카이도라는 도로가 있기 때문이다. 또 고다이라 시민이나 일본 국민이라도 사람에 따라 이 도로의 중요성은 다르게 인식한다. 즉 일반이익이라기보다는 특수이익에 속한다.

앞서 말했듯 루소는 법안 심사에서 사람들이 "자신만을 우선하는" 마음에서 멀어져 "우리에게 무엇이 필요한가" 하고 숙의적 이성을 발휘해야 한다고 했다. 하지만 이 말은 동시에, 법은 숙의적 이성을 행사할 수 있는 일만을 상대한다는 뜻이기도 하다. 그 때문에 법 집행 기관인 정부의 역할은 결코 많지 않다(역할 하나하나의 중요성, 가령 재분배나 형사 사법의 중요성은 크지만 말이다).

반면에 현대 일본을 포함한 여러 국가에서는 행정기관이 (328번 도로처럼) 특수이익과 관련된 다양한 사항에 서비스를 제공한다. 이는 '자신의 일을 스스로 결정하는' 민주주의의 이념과는 꼭 들어맞는다고 할 수 없다. 하지만 서비스 제공에는 전문 지식이 필요하고, 서비스 제공에 각 주권자의 허가를 하나하나 얻는 일에는 수고와 시간이 든다.

따라서 행정기관이 재량을 많이 가지는 편이 사회의 복잡화나 그에 따른 변화에 대응하기 쉽다. 주권자에게도 이 편이 편할 것이다. 이는 주권의 힘에서 유래하는 정통성과는 상극인, 주권자의 편리성에서 유래하는 정통성이다. 당연한 말이지만, 이 정통성이 성립하기 위해서는 제공하는 서비스가 실제로 주권자의 편리에 부합해야 한다.

그러나 특수이익의 결정에 관여하는 방법은 법과 투표를 통한 길만 있는 건 아니다. 특수이익에서 두드러지는 것은 사람들이 자신을 위해 구매하는 사적 재화인데, 이는 통상 시장에서 조달한다. 그리고 시장은 사적 재화를 효율적으로 배분하는 일에 능숙하다는 게 통상적 평가다. 그렇다면 특수이익의 성질이 강한 공공적 서비스를 유권자가 쇼핑하듯 선택하는 제도를 마련할 수는 없을까?

애초에 행정기관에는 특정 서비스가 주권자의 편리성에 부합하는지 그렇지 않은지 판단하는 능력이 없다. 이는 그들이 서비스의 수익자가 아니기 때문이다. 단 한 사람에 대해서조차 그 사람이 무엇을 얼마만큼 원하는지 다른 사람이 헤아리기는 어렵다. 하물며 행정기관은 다수를 상대한다. 사람마다 원하는 것은 크게 다르다. 다음은 직접민주제를 적극 옹호하는 오늘날의 논객인 이언 버지(Ian Budge)의 말이다.

"(…) 이처럼 커다란 영향을 주는 공공정책에 대해, 일반 시민이 어째서 다른 의견을 제기하거나 결정하면 안 되는지에 대한 물음이다. 소비자로서 그들은 제한 없이 다량의 재화 중에서 선택하라는 독촉을 받는다. 그렇다면 시민으로서 공공재를 선택하는 것이 그들에게 불가능하다는 법이 있는가."(이언 버지, 『직접민주정의 도전』)

그러나 버지의 이 생각을 제도로 도입하려면 궁리를 해야 한다. 사적 재화와 다르게, 공공재는 사람들이 공동으로 사용하므로 '돈을 내지 않고 사용'하는 이른바 '무임승차'가 발생하기 쉽다.

즉 행정기관이 '이 공공사업 계획에 당신은 얼마까지 낼 수 있습니까' 하고 묻고 이 금액에 따라 각자의 지불액을 산정한다면, 사람들은 대부분 정직하게 답하지 않을 것이다. 설혹 그 계획을 높이 평가한다고 해도, 낼 만하다고 생각하는 금액보다 적게 신고할 것이기 때문이다. 경제 이론에서는 물론이고 경제 실험에서도 대개 이런 결과가 나온다. 이렇게 되면 충분한 수준의 공공재를 공급할 수 없다.

'사람들은 공공재에 무임승차한다'는 발상은 공공재 공급 결정을 사람들에게 자유롭게 맡겨서는 안 된다는 논리로 연결되기 쉽다. 이런 태도를 가진 행정기관은 사람들의 요구를 파악했다고 독자적으로 판단하고, 공공재 공급 결정을 독단적으로 행한다. 이런 태도는 형식적 '민주주의'의 외투를 쓴 것이다.

그렇다면 우리가 우리의 일을 결정할 수 있는 민주적 제도는 없는 것일까?

메커니즘 디자인

무임승차를 피하면서도 사람들의 요구를 바르게 파악하면서 공공사업을 실시할 방법은 과연 있을까? 이 같은 제도적 설계를 실험하는 분야가 **메커니즘 디자인**이다. 최근 눈부신 발전을 이루고 있는 경제학의 한 분야로, 게임 이론과 경제 실험 등을 활용해서 분권적 제도(메커니즘)를 설계하는 게 목적이다.

328번 도로 문제를 예로 들자면, 분권적이란 각 개인에게 도로 공사 일체에 대한 평가 금액을 묻고, 이 결과와 건설 비용 250억 엔을 감안해서 사회 편익에 도움이 되는 선택을 하는 것이다. 여기서는 행정기관이 '이 선택이 사회 전체에 득이 된다'고 독자적 판단을 내리지 않는다.

이때 사람들은 도로, 잡목림의 필요성과 퇴거자 문제 등 여러 요소를 고려해서 일정 금액을 스스로 평가해 제출한다. 어떤 연유로 그런 금액을 산출했는지를 알아내는 게 메커니즘 디자인의 할 일이지만, 메커니즘 디자인 말고도 잡목림과 주민 공동체의 가치를 금전 단위로 환산하는 경제학적 방법은 있다. 예를 들어 환경경제학에는 환경 평가라는 방법이 있어서, 사람들의 행동과 의견에 기반을 두고 통계적으로 자연환경의 금전적 가치를 계측하는 기술이 다수 마련되어 있다(행동에 기반을 둔 현시선호법, 의견에 기반을 둔 표명선호법 등). 이런 경제학적 방법의 특징은 금전 단위로 비용과 이익 등의 가치를 계측하는 것이다. 왜 이런 작업을 할까?

모든 것을 금전화하는 1차원적인 방법을 두고 폭력적이라는 비난이 생기기 마련이다. 확실히 이는 폭력적이다. 잡목림과 주민 공동체는 무엇과도 바꿀 수 없는 것 아닌가? 하지만 이런 것일수록 가치의 명시화가 어렵고, 명시화되지 않은 것은 없는 것 혹은 무가치한 것으로 취급받기 십상이다. 사람들이 자연환경을 대수롭지 않게 생각하는 이유 중 하나는 자연에 가격이 매겨져 있지 않기 때문이기도 하다. 가격을 매기지 않으면 소중히 다루지 않는다는 말에는 반론의 여지가 있다. 그러나 가격이 없을 때 소중히 여기지 않는 상황이 생긴다는 것을 무시할 수는 없다.

금전 단위를 중시하는 가치관이 문제라는 것이 정론이라고 해도, 두 가치관의 대립에 중립적인 법정을 마련하는 것은 쉽지 않다. 이처럼 '신들이 투쟁'하는 장면에서는 '정치가 판단한다'고 말하는 제

3의 심판자가 의회에 나타나서, 자기 마음에 드는 판단을 내릴 뿐이다.

그러나 잡목림이나 마을 공동체 등 도로 신설에 의한 사회적 비용 손실을 금전 단위로 산출하면, 도로 신설로 발생하는 사회적 편익은 얼마이며 이는 어떤 합계 근거에 따른 것인지 요구할 수 있다. 이렇게 되면 '정체의 해소'나 '환경을 배려한 공사' 같은 말로 공사를 정당화할 수 없다. 금전에 의거한 판단과 결정은 중립성이 높다.

덧붙여서, 금전 단위를 척도로 삼는 것은 결코 '돈만으로 결정하는' 일이 아니다. 돈뿐 아니라 환경과 공동체를 존중하는 사람의 감정도 배려하는 결정 방법이다. 금전 단위를 척도로 삼아도 (이에 따른 위화감은 불식할 수 없더라도 유일하게 가능한 공통의 장으로서) 다양한 요소를 고려해 중립성 높은 심사를 할 수 있다.

클라크 메커니즘

메커니즘 디자인에서는 지금까지 여러 가지 메커니즘을 만들어냈다. 여기서는 미국의 경제학자 에드워드 클라크(Edward H. Clarke) 박사가 1971년에 발표한 **클라크 메커니즘**의 개요를 설명하겠다.

1단계 정부 기관이 복수의 안을 사람들에게 제시한다. 가령 도로를 '만든다, 만들지 않는다' 혹은 '플랜A, 플랜B, 만들지 않는다' 하는 식으로.

2단계 각 유권자는 각 안을 금액으로 평가한다. 금액은 플러스든 마이너스든 상관없다. 그 금액을 평가치라고 하는데, 이것이 플러스라면 편익을, 마이너스라면 효용 없음을 나타낸다. 평가치는 각 개인이 마음속에 품고 있는 것으로, 보통은 다른 사람이나 행정기관은 알 수 없는 것이다.

3단계 각 개인은 행정기관에 각 안에 대한 평가치를 신고한다. 여기서 '기권'을 할 수 있으며, 기권은 모든 안에 0점을 준 것으로 간주한다.

4단계 행정기관은 각 안에 대해 '평가치의 합에서 비용을 뺀 금액'(순이익)을 계산한다. 그 결과 순이익이 가장 높은 안이 채택된다. 물론 플랜A, 플랜B 모두 순이익이 마이너스라서 아무것도 건설하지 않는 순이익 제로 안이 채택되는 일도 있다.

5단계 각 개인은 클라크 박사가 고안한 공식에 따라 행정기관과 금전 이전을 실시한다. 즉 개인은 행정기관에 돈을 내거나 반대로 받는다. 공식을 엄밀히 논하기 위해서는 수학적 정식화가 필요한데, 이 책에서는 다루지 않는다(권말의 참고문헌 참조). 행정기관의 수중에 남은 돈으로 공사비를 충당할 수 있다.

클라크 메커니즘에서는 각 안의 평가가 플러스든 마이너스든, 비용과 합산하여 순이익 계산을 할 수 있다. 따라서 도로의 부설을 요구하는 사람은 플러스, 잡목림을 지키고 싶은 사람은 마이너스라고 신고하면 된다.

과연 사람들은 평가액을 정직하게 신고할 것인가? 가령 '도로가 생기면 약간 편해지겠지' 정도로 생각하는 사람이 '도로가 절실'한 사람만큼 큰 플러스 평가액을 신고하거나, 반대로 막연하게 '잡목림이 있으면 좋겠다'고 생각하는 사람이 '잡목림을 꼭 지키고 싶은' 사람만큼 큰 마이너스 평가액을 신고하는 등의 허위 신고는 없을까?

이 점이 클라크 메커니즘의 교묘한 점인데, 클라크 공식으로 규정된 금전 이전 규칙에서는 평가액을 정직하게 신고하는 사람이 인센티브를 갖는다. 허위 신고를 하면 손해 보는 것은 본인이다.

가령 3단계에서 특정 유권자가 허위로 플러스 신고를 하면 도로를 깔아주는 대신 '그만큼 과한 금액을 부담'시키고, 반대로 허위로 마이너스 신고를 하는 유권자에게는 잡목림을 보존해주는 대신 '그만큼 과한 금액을 부담'시키는 것이다. 따라서 당초 우려한 무임승차 문제를 해소할 수 있다.

이처럼 '정직이 최선의 방책'인 메커니즘의 성질을 **내전략성**이라고 한다(4장에서 언급한 것과 같은 개념이다). 클라크 메커니즘 말고도 내전략성을 충족시키는 메커니즘은 존재하는데, 그것은 VCG 메커니즘이라는 특정 수학적 형식을 가진 것으로 알려져 있다.

VCG의 V는 경제학자 윌리엄 비크리(William Vickrey)의 머리글자다(C는 클라크[Clarke], G는 그로브스[Groves]). 비크리는 경매 시장 설계와 내전략성을 연구한 선구자로, 1996년에 노벨 경제학상을 받았다. 공공재 공급 시스템인 클라크 메커니즘은 경매는 아니지만, '고가를 선택한다'는 점은 경매와 같다. 단, 여기서 '고가'는 파는 쪽의 수익이 아니라, 사회 전체의 편의를 가리킨다.

새로운 민주주의는 가능하다

클라크 메커니즘은 아직 일반에 생소하기 때문에, 이것의 실제 이용은 상상하기 어려울 수도 있다. 실제로 과거에는 비크리가 시작한 경매 연구가 무엇에 도움이 되는 연구인지 아무도 몰랐다. 하지만 지금은 각국 정부가 주최하는 주파수 경매 시장(전파통신사업자에게 각 대역과 각 지역의 주파수 면허를 매매하는 시장)이나 IT기업이 주최하는 온라인 경매 시장을 설계할 때, 비크리의 연구 지식을 널리 활용한다.

가령 미국은 주파수 경매 누계 수익으로 8조 엔이 넘는 금액을 국고로 벌어들인다. 경매 방식을 설계한 것은 스탠퍼드 대학의 폴 밀그롬(Paul Milgrom) 교수진으로 그들의 전문 지식에 따른 새로운 설계가 없었다면 이런 고수익은 달성할 수 없었을 것이다.

일본은 선진국 중에서 사실상 유일하게 주파수 경매 미도입국이다. 자민당이 오랫동안 주파수 경매 도입에 반대하고 있으며, 총무성이 주파수 면허를 전파통신사업자(텔레비전 방송국이나 휴대전화 회사 등)에게 헐값에 나눠주고 있다. 이는 일반 국민에게서 특정 전파통신사업자나 헤비 유저로 소득을 이전하는 정책이나 다름없다. 정치적 불평등이 경제적 불평등을 낳고 있는 것이다.

최근의 동향을 보면, 2009년에 중위원 선거에서 승리해 정권 교체에 성공한 민주당은 선거 공약을 통해 주파수 경매 도입을 주장했다. 그러나 2012년에 같은 당이던 노다 정권이 몰락하자 전파법 개정안도 동시에 폐지되고 말았다. 그리고 2013년, 자민당 정권인 아베 정권은 주파수 경매를 도입하지 않는다는 방침을 발표했고, 이에 더해 '공공성이 증가했다'는 이유로 휴대전화 사업자가 내는 전파이용료를 인하했다. 심지어 텔레비전 방송국은 '공공성이 높다'는 이유로 전파이용료를 대폭 경감 조처했다(2분의 1 경감). 권익화되고 있는 주파수 면허를 민주화하는 일은 일본에서 여전히 요원하다.

일본인의 다수는 주파수 경매라는 것에 익숙하지 않아서 여기에 위화감을 느끼는 사람도 있을 것이다. 하지만 이 제도는 거의 모든 OECD 가맹국에서 이미 수용되어 유효한 정책적 도구로 채택하고 있는 제도다. 만일 '공공성이 높은' 일본의 텔레비전 방송국이 이를 사회문제로 적극 다룬다면 상황은 다소 달라지겠지만 그런 기미는 안 보인다.

과연 클라크 메커니즘 등 공공재 공급 메커니즘의 도입이 현행 대표민주제에 근본적 변혁을 불러일으킬 수 있을까? 그건 불가능하다. 이 메커니즘은 획기적이거나 혁명적이지 않다.

사람들이 이 메커니즘을 통해 사업 결정에 관여할 수 있다고 해서, 의회나 행정기관의 존재 자체를 부정하지는 않는다. 사업을 제안하고, 장소를 책임 및 관리하고 감시하는 주체가 필요하기 때문이다.

가령 특정 장소에 새로운 도로를 깔겠다는 등의 '테마 설정'은 행정기관의 역할이다. 도로 건설이라는 한 가지 테마에도 보도는 어떻게 만들고, 자연환경은 어떻게 배려하며, 비용은 얼마나 들일 것인지 등 다양한 고려가 있어야 한다. 따라서 특정 테마가 결정되면, 여기에 복수의 민간 사업자가 각각 '플랜A', '플랜B' 같은 선택지를 제공한다. 사람들은 비싸고 질 좋은 플랜을 고를 수도 있고, 값싸고 질 낮은 플랜을 고를 수도 있으며, 혹은 아무것도 고르지 않을 수도 있다.

공공재 공급 메커니즘과 현행 공공사업 입찰의 커다란 차이는 두 가지 있다. 하나는 선택 주체가 행정기관이 아니라 유권자라는 점이다. 두 번째는 비용뿐 아니라 점수화하기 힘든 여러 질적 요인을 반영한 선택이 가능하다는 점이다. 이 선택의 장은 행정기관이 관리하며, 공사 진행에 대한 감시도 이들이 한다. 행정기관의 감시는 의회가 하고, 의회의 감시는 유권자가 한다.

메커니즘의 활용은 주민 투표 같은 현행 대표민주제를 통해서 할 수 있다. 직접민주제적 요소가 대표민주제나 행정기관과 반드시 대립한다고 볼 수는 없다. 오히려 대표민주제나 행정기관을 사람들이 더 잘 활용할 수 있도록, 적소에 보강제를 도입하는 개념이다. 민주적이라 칭해지는 형식적 제도를 실질적으로 민주화해가는 과정이라 볼 수 있겠다.

이 책의 제목은 '다수결을 의심한다'이다. 다수결에 대한 의심을 하는 것에서 시작해, 지금까지 다양한 의사결정 방식과 메커니즘을 살펴보았고, 이것들을 어디에 어떤 식으로 사용하면 좋을지 물었다. 328번 도로 문제는 다수결조차 제대로 시행되고 있지 않은 현실에 의문을 가져야 한다는 것을 가르쳐준다.

사회 제도는 하늘에서 내려주는 것이 아니라 사람이 만드는 것이다. 사람은 자유로운 존재로 태어나지만 도처에서 속박당한다고 루소는 말했다. 미래를 그리되, 눈앞의 일시적 현실과 우리가 희망하는 현실의 모습을 명확하게 구별하자. 현행 제도의 관성이 아무리 강해도 이는 곧 사라질 속박에 불과한 것이다.

[더 읽을거리]

여기서는 관련 내용을 더 자세히 알고 싶은 사람을 위해 독서 안내를 하겠다. 이 밖의 관련 문헌은 주요 참고문헌을 참조하라.

사회적 선택 이론에 대해 더 본격적으로 알고 싶은 사람에게는 졸저, 사카이 도요타카, 『사회적 선택이론으로의 초대: 투표와 다수결의 과학』(니혼효론샤, 2013)을 추천한다. 본서에서 다룬 정리의 다수를 추천 도서에서는 더 엄밀하게 정식화해 증명한다. 본서와 마찬가지로 추천서 역시 투표를 주로 다루는데, 사실 사회적 선택 이론은 후생경제학을 포함하는 보다 넓은 학문 분야다. 이 분야를 더 잘 알고 싶으면 고토 레이코(後藤玲子), 『정의의 경제철학: 롤스와 센』(도요경제신문사, 2002), 스즈무라 코타로(後藤玲子), 『사회적 선택의 이론: 서설』(도요경제신문사, 2012)이 도움이 될 것이다. 이 책들은 전문

성이 높은데, 더 평이한 후생경제학 서적으로는 다데누마 고이치(蓼沼宏一), 『행복을 위한 경제학: 효율과 형평을 생각하는 법』(이와나미주니어신서, 2011)이 있다. 헌법과 민주주의 관련 서적은 괜찮은 것이 많으나, 여기서는 특별히 하세베 야스오(長谷部恭男), 『헌법이란 무엇인가』(이와나미신서, 2006), 로버트 A. 달, 나카무라 다카후미 옮김, 『데모크라시란 무엇인가』(이와나미쇼텐, 2001)를 추천한다.

구와바라 다케오(桑原武夫)와 마에가와 데이지로(前川貞次郎)가 번역한 이와나미문고판을 포함, 루소의 『사회계약론』의 번역판은 몇 종류가 출간되어 있다. 필자의 경험에서 보자면 루소는 그의 저서만 읽어서는 이해할 수 없다(물론 저서를 읽는 것은 필수지만). 일단 루소를 읽고 모르는 부분을 체크해서, 오모다 소노에(重田園江), 『사회계약론: 홉스, 흄, 루소, 롤스』(치쿠마신서, 2013), 존 롤스, 『롤스 정치철학사 강의 1』(이와나미쇼텐, 2011)을 순서대로 보는 것도 하나의 방법이다.

메커니즘 디자인과 주파수 경매에 대해서는 사카이 도요타카, 후지나카 유지(藤中裕二), 와카야마 다쿠마(若山琢磨), 『메커니즘 디자인: 자원배분제도의 설계와 인센티브』(미네르바쇼보, 2008), 사카이 도요타카, 『마켓 디자인: 최신의 실용적 경제학』(치쿠마신서, 2013)에서 자세하게 다룬다.

[주요 참고문헌]

머리말

Keane, J. (2009) *The Life and Death of Democracy*, Simon and Schuster [森本醇訳『デモクラシーの生と死(上・下)』みすず書房, 2013]

1장

Asian Development Bank (2014) *Asian Development OUTLOOK 2014: Fiscal Policy for Inclusive Growth*

Borda, J.-C. de (1784) "Mémoire sur les élections au scrutin" *Histoire de l'Académie Royale des Sciences 1781*

Daunou, P. C. F. (1803) "A Paper on Elections by Ballot" in McLean and Urken (1995)

Fishburn, P. C. and Gehrlein, W. V. (1976) "Borda's Rule, Positional Voting, and Condorcet's Simple Majority Principle" *Public Choice*, Vol. 28

Fraenkel, J. and Grofman, B. (2014) "The Borda Count and Its Real-World Alternatives: Comparing Scoring Rules in Nauru and Slovenia" *Australian*

Journal of Political Science, Vol. 49
McDaniel, C. N. and Gowdy, J. M. (2000) *Paradise for Sale*, University of California Press
McLean, I. and Urken, A. B. (1995) *Classics of Social Choice*, Michigan University Press
Okamoto, N. and Sakai, T. (2013) "The Borda Rule and the Pairwise-Majority-Loser Revisited" unpublished manuscript, Keio University
Reilly, B. (2002) "Social Choice in the South Seas: Electoral Innovation and the Borda Count in the Pacific Island Countries" *International Political Science Review*, Vol. 23
Republic of Kiribati (2002) "An Act to Amend the Election of the Beretitenti Act (CAP. 29A)"
Toplak, J. (2006) "The Parliamentary Election in Slovenia, October 2004" *Electoral Studies*, Vol. 25
Trease, H. V. (1992) "The 1991 Election in Kiribati" *Journal of Pacific History*, Vol. 27

2장과 3장

隠岐さや香『科学アカデミーと「有用な科学」—フォントネルの夢からコンドルセのユートピアへ』名古屋大学出会, 2011
フィリップ・ゴーレイヴィッチ(柳下毅一郎訳)『ジェノサイドの丘—ルワンダ虐殺の隠された真実(上・下)』WAVE出版, 2003
Aldrich, J. (1997) "R. A. Fisher and the Making of Maximum Likelihood 1912-1922" *Statistical Science*, Vol. 12
Baker, K. M. (1975) *Condorcet: From Natural Philosophy to Social Mathematics*, The University of Chicago Press

Black, D. (2011 [1958]) *The Theory of Committees and Elections*, Cambridge University Press

Douglass, R. (2013) "Rousseau's Critique of Representative Sovereignty: Principled or Pragmatic?" *American Journal of Political Science*, Vol. 57

Emerson, P. (2007) *Designing an All-Inclusive Democracy*, Springer

Grofman, B. and Feld, S. L. (1988) "Rousseau's General Will: A Condorcetian Perspective" *American Political Science Review*, Vol. 82

Farkas, D. and Nitzan, S. (1979) "The Borda Rule and Pareto Stability: A Comment" *Econometrica*, Vol. 47

Jones, A. (2010) *Genocide: A Comprehensive Introduction*, 2nd edition, Routledge

Malkevitch, J. (1990) "Mathematical Theory of Elections" *Annals of the New York Academy of Sciences*, Vol. 607

McLean, I. and Hewitt, F. (1994) *Condorcet: Foundations of Social Choice and Political Theory*, Edward Elgar Publishing

Moulin, H. (1985) "Fairness and Stability in Voting" in *Fair Allocation* (ed. by Young, P. H.), American Mathematical Society

Moulin, H. (1988) "Condorcet's Principle Implies the No Show Paradox" *Journal of Economic Theory*, Vol. 45

Rae, D. W. and Daudt, H. (1976) "The Ostrogorski Paradox: A Peculiarity of Compound Majority Decision" *European Journal of Political Research*, Vol. 4

Rawls, J. (2007) *Lectures on the History of Political Philosophy*, Harvard University Press [齋藤純一・佐藤正志・山岡龍一・谷澤正嗣・高山裕二・小田川大典訳『ロールズ政治哲学講義 I 』岩波書店, 2011]

Rousseau, J.-J. (1762) *Le contrat social* [桑原武夫・前川貞次郎ほか訳『社会

契約論』岩波文庫, 1954]

Saari, D. G. (2008) *Disposing Dictators, Demystifying Voting Paradoxes: Social Choice Analysis*, Cambridge University Press

Young, H. P. (1988) "Condorcet's Theory of Voting" *American Political Science Review*, Vol. 82

4장

坂井豊貴「'民意'の絶対視にも問題」(日本経済新聞「経済教室」2012. 8. 15. 付朝刊)

辻村みよ子『フランス革命の憲法原理—近代憲法とジャコバン主義』日本評論社, 1989

早川誠『代表制という思想』風行社, 2014

Arrow, K. J. (1951, 1963) *Social Choice and Individual Values*, 1st/2nd edition, Yale University Press [長名寛明訳『社会的選択と個人的評価』第三版, 勁草書房, 2013]

Black, D. (1948) "On the Rationale of Group Decision-making" *Journal of Political Economy*, Vol. 56

Black, D. (1948) "The Decisions of a Committee Using a Special Majority" *Econometrica*, Vol. 16

Caplin, A. and Nalebuff, B. (1988) "On 64%-Majority Rule" *Econometrica*, Vol. 56

Downs, A. (1957) *An Economic Theory of Democracy*, Addison-Wesley Publishing Company

Gibbard, A. (1973) "Manipulation of Voting Schemes: A General Result" *Econometrica*, Vol. 41

Greenberg, J. (1979) "Consistent Majority Rules over Compact Sets of Alternatives" *Econometrica*, Vol. 47

List, C. (2002) "Two Concepts of Agreement" *The Good Society*, Vol. 11

List, C., Luskin, R. C., Fishkin, J. S., and McLean, I. (2013) "Deliberation, Single-peakedness, and the Possibility of Meaningful Democracy: Evidence from Deliberative Polls" *Journal of Politics*, Vol. 75

McLean, I. and Hewitt, F. (1994) *Condorcet: Foundations of Social Choice and Political Theory*, Edward Elgar Publishing

Moulin, H. (1980) "On Strategy-proofness and Single Peakedness" *Public Choice*, Vol. 35

Murakami, Y. (1968) Logic and Social Choice, Routledge [鈴村興太郎訳「論理と社会的選択」中央公論社, 1997年（『村上泰亮著作集1』所収)]

Satterthwaite, M. A. (1975) "Strategy-proofness and Arrow's Conditions: Existence and Correspondence Theorems for Voting Procedures and Social Welfare Functions" *Journal of Economic Theory*, Vol 10

Urbinati, N. (2004) "Condorcet's Democratic Theory of Representative Government" European Journal of Political Theory, Vol. 3

5장

大竹弘二「公開性の起源」太田出版, atプラス連載

大竹弘二・國分功一郎『統治新論　民主主義のマネジメント』 太田出版, 2015

大屋雄裕「功利主義と法: 統治手段の相互関係」(日本法哲学会編『法哲学年報　功利主義ルネッサンス―統治の哲学として』有斐閣, 2012)

川出良枝「ボダン―主権論と政体論」(小野紀明・川崎修編集代表『岩波講座　政治哲学1　主権と自由』岩波書店, 2014, 第5章所収)

國分功一郎『来るべき民主主義　小平市都道328号線と近代政治哲学の

諸問題』幻冬舎新書, 2011
坂井豊貴「政府や自治体によるオークション理論の活用へ」(財務省財務総合政策研究所『効率的な政策ツールに関する研究会報告書』2014, 第5章所収)
坂井豊貴・若山裕二・若山琢磨『メカニズムデザイン―資源配分制度の設計とインセンティブ』ミネルヴァ書房, 2008
佐々木毅『主権・抵抗権・寛容―ジャン・ボダンの国家哲学』岩波書店, 1973
柘植隆宏「表明選好法と熟議型貨幣評価」(坂井豊貴編著『メカニズムデザインと意思決定のフロンティア』慶應義塾大学出版会, 2014, 第5章所収)
柘植隆宏・三谷羊平・栗山浩一編著『環境評価の最新テクニック: 表明選好法・顕示選好法・実験経済学』勁草書房, 2011
東京都建設局　府中所沢線ホームページ(2015. 1. 30. 確認) http://www.kensetsu.metro.tokyo.jp/kitakita/kodaira328/qa/index.html
「反映させる会」ホームページ http://jumintohyo.wordpress.com/(2015. 1. 30. 確認)
Budge, I. (1996) *The New Challenge of Direct Democracy*, Policy [杉田敦・上田道明・大西弘子・松田哲訳『直接民主政の挑戦―電子ネットワークが政治を変える』新曜社, 2000]
Clarke, E. (1971) “Multipart Pricing of Public Goods” *Public Choice*, Vol. 11
Holmström, B. (1979) “Groves' Scheme on Restricted Domains” *Econometrica*, Vol. 4

[저자 후기]

다수결만큼 그 기능을 의심받지 않고 사용되며, 심지어 그 결과가 중대한 영향을 끼치는 제도도 없을 것이다. 따라서 국회의원이나 기관의 장 등 대표를 선출하는 선거에서 다수결을 채택하는 것은 위험을 넘어서 어쩌면 무모한 일이 아닐까 하는 생각마저 든다. 어차피 선거는 형식에 불과하다며 체념해버리는 행위는 비관적이긴 하나, 현실적이지는 않다. 형식은 정통성을 세우는 중요한 요소의 하나다. 하지만 선거 결과가 이 사회에 큰 영향을 미치고 있는 만큼 잘못된 결과에 정통성을 부여하기는 힘들다.

'다수결로 결정했으므로 민주적'이라든지, '선거에서 이긴 자의 생각이 민의'라는 식의 발언은 언론에서 자주 볼 수 있다. 이 책을 쓰는 도중에 그런 발언 하나하나에 반론을 하고 싶어졌으나, 의도적으로 피했다. 이유는 두 가지다. 우선 그런 발언을 하나하나 다루면 시간이 지남에 따라 글의 풍화가 가속화되기 때문이고, 두 번째로 그런 발언은 현 시대에만 볼 수 있는 고유의 것이 아니므로 이 책에 실을 필요가 없었다. 어느 시대의 독자든, 그런 발언에 항의하는 언어를 이 책에서 발견한다면 필자의 시도는 성공했다고 하겠다.

이 책을 구상할 무렵, 각종 모임의 구성원에게 다양한 자극을 받았다. 주최자와 간사들께 감사드린다. '〈순조로운 사회와 그 적〉 VCASI 연구회'(도쿄재단)의 스즈키 겐(주식회사 스마트뉴스 회장, 공동 CEO), 다키자와 히로카즈(주오 대학 교수), 아오키 마사히코(스탠퍼드 대학 명예교수), '효율적인 정책 도구에 관한 연구회'(재무성 재무종합정책 연구소)의 사카모토 도모아키(재무성 재무종합정책연구소 주임연구관), '실증정치학의 최신 학술회의'(니가타 현립대학 실증정치학연구센터)의 이노구치 다카시(니가타 현립대학 학장, 도쿄 대학 명예교수) 등이 그들이다.

초고를 발표한 '규범이론연구회'(히토쓰바시 대학 경제연구소 규범경제학연구센터)에서는 유익한 조언을 많이 얻었다. 가토 스스무(도쿄 대학 조교수), 스즈무라 고타로(일본학사원 회원, 이토쓰바시 대학, 와세다 대학 명예교수), 요시다 히로유키(니혼 대학 교수), 특히 상세한 조언을 준 다마테 신타로(도쿄 대학 특임연구원)와 학문적 자극을 주고 다정하게 격려해준 고토 레이코(히토쓰바시 대학 교수)에게 깊이 감사드린다.

게이오 대학의 내 연구실 멤버, 오타니 슈헤이, 오카모토 미노리, 가와다 히나타, 나카무라 유타, 미야시타 마사키는 초고에 대한 정중한 코멘트를 해주었다. 가마가 고헤이(조치 대학 조교), 고지마 후히토(스탠퍼드 대학 조교수), 다카미야 고지(니가타 대학 조교수), 미하라 레이주(가가와 대학 교수), 미야기 가나메(일본학술진흥회 특별연구원, 와세다 대학), 와카야마 다쿠마(류코쿠 대학 조교수)는 귀한 조언을 해주고, 토론을 함께 했다. 이와나미신서 편집부의 나가누마 고이치는 열정적으로 책 작업을 했고 다양한 조언도 해주었다. 이 분들께 깊은 감사를 드린다.

이 책에 실린 '보르다 거리'와 '콩도르세 거리' 사진은 가와다 히나타가 촬영한 것으로, 그에게 사용 허가를 받았다. 또 그는 〈도표 3-2〉를 만들어줬다. 그의 친절에 감사한다.

개인적인 이야기지만, 이 책을 집필하는 도중에 39살이 되었다. 이 책은 나에게 시기적으로나 내용적으로 한 획을 긋는 책이다. 30대의 내가 분기점에 서 있을 때 도움을 주었던 이데 에이사쿠(게이오 대학 교수)에게, 이 지면을 빌려 우정과 학문적 은혜를 담아 감사를 표한다. 또 이 책의 탈고 직전, 장기간 근무한 직장을 그만두신 아버지 사카이 쇼와 그동안 가정을 지켜온 어머니 사카이 기미코에게도 깊은 감사를 드린다. 아내 사카이 마리요는 초고를 전편에 걸쳐서 세심하게 살피고, 계산 착오를 정정하고 문장의 의미를 명확히 하는 등 적확한 조언을 해주었다. 정말로 감사한다. 마지막으로 언젠가 두 아이, 분카와 히로키가 자라서 이 책을 읽어주면 고맙겠다.

2015년 1월 30일 자택 서재에서

사카이 도요타카